Schriften der Gesellschaft für Sozialen Fortschritt e. V.

Band 13

Vortragsveranstaltung
der Gesellschaft für Sozialen Fortschritt e. V.
am 9. Mai 1960 in Bad Godesberg

Wandlungen in der Welt

Europäische Verantwortung gegenüber Afrika und Asien

DUNCKER & HUMBLOT / BERLIN

Alle Rechte vorbehalten
© 1960 Duncker & Humblot, Berlin
Gedruckt 1960 bei Berliner Buchdruckerei Union GmbH., Berlin SW 61
Printed in Germany

Vorwort

Die wirtschaftlich unterentwickelten Länder können ihre Volkswirtschaften nicht aus eigenen Kräften schnell genug und in befriedigender Weise aufbauen. Daraus ergibt sich für die Industriewirtschaften die Pflicht zur Unterstützung der vielseitigen eigenen Bemühungen dieser Länder. Es ist notwendig zu helfen, ohne Bedingung, ohne Gegenleistung.

Die Entwicklungshilfe — fast zu einem modernen Schlagwort geworden, in das oft ein wenig Überheblichkeit und wirtschaftlicher Sendungsglaube hineingelegt wird — muß ein vieles Mehr sein als nur ein finanzpolitisches Rechenwerk. Die Entwicklungshilfe muß getragen sein von menschlicher Verantwortung, die uns allen auferlegt ist: den Regierungen, den Sozialpartnern, jedem einzelnen Staatsbürger.

Wenn die Gesellschaft für Sozialen Fortschritt ihre Tagung unter das Thema „Wandlungen in der Welt — Europäische Verantwortung gegenüber Afrika und Asien" stellt, so will sie damit die sozialen Aspekte in dem Vordergrund ihrer Überlegungen sehen.

Der Leitsatz, den die Gesellschaft auf ihrer vorjährigen Veranstaltung herausstellte:

„Der Weltfrieden kann auf die Dauer nur auf sozialer Gerechtigkeit aufgebaut werden"

gilt heute genauso wie damals. Er muß für die Gestaltung der Entwicklungshilfe ebenfalls richtungsweisend sein, wie für alle anderen sozialpolitischen Erwägungen.

Die Veranstaltung „Wandlungen in der Welt" will aber nicht nur die weltweiten Probleme der Entwicklungsländer aufzeigen, sondern sie will Anstoß geben, nach neuen Formen und Methoden einer wirksamen Hilfe zu suchen, sie will die Notwendigkeit einer kooperativen Zusammenarbeit unterstreichen.

Ein Horchen auf die geschichtlichen Wandlungen in der Welt, das Bemühen, die Menschen in Afrika und Asien in ihrem Denken und Fühlen zu begreifen, die Suche nach einem zweckmäßigen Einsatz der *aufgebrachten Mittel und die menschliche Bereitschaft zur Hilfe sind die Voraussetzungen, um zu einer gleichberechtigten Partnerschaft in der freien Welt kommen zu können.*

Dem wahren Partnerschaftsgedanken zu dienen aber ist das stete Ziel der Gesellschaft für Sozialen Fortschritt und damit auch das Ziel dieser Veranstaltung.

Bonn, im Mai 1960.

D. Klaus von Bismarck

Inhaltsverzeichnis

Vorwort 5

Eröffnung

D. Klaus von Bismarck, Präsident der Gesellschaft für Sozialen Fortschritt 9

Vorträge

Das Freiheitsstreben der Entwicklungsländer und die neue Form der europäischen Verantwortung
Von Prof. Dr. Egbert de Vries, Direktor des Instituts für Sozialstudien, Den Haag 13

Das Sozialprogramm der Vereinten Nationen für die Entwicklungsländer
Von Jef Rens, stellvertretender Generaldirektor des Internationalen Arbeitsamtes, Genf 22

Wirtschaftshilfe als menschliche Verpflichtung
Von Prof. Dr. Ludwig Erhard, Bundesminister für Wirtschaft, Bonn 34

Ergänzende Kurzbeiträge

Arbeitnehmerprobleme und gewerkschaftliche Hilfe:

In Asien
Von Bernhard Tacke, stellvertretender Vorsitzender des Deutschen Gewerkschaftsbundes, Düsseldorf 47

In Afrika
Von Herbert A. Tulatz, Leiter der Fritz-Tarnow-Schule, Bundesschule Oberursel des DGB 52

Unternehmerische Initiative und Verantwortung
Von Dr. Ernst-Gerhard Erdmann, Bundesvereinigung der Deutschen Arbeitgeberverbände, Köln 58

Die Berücksichtigung der soziologischen Fakten bei der Förderungshilfe
Von Dr. Franz Kollmannsperger, Saarbrücken 64

Die Aufgabe der Deutschen Stiftung für Entwicklungsländer
Von F. G. Seib, Kurator der Deutschen Stiftung für Entwicklungsländer, Berlin 73

Schlußwort
D. Klaus von Bismarck 77

Eröffnung

D. Klaus von Bismarck:

Zur Einführung in diese Tagung halte ich es für angebracht, zunächst die Frage zu stellen: welche Motive haben unsere Gesellschaft bewogen, das Thema „Wandlungen in der Welt" aufzugreifen?

Die in unserer Zeitschrift[1] in den letzten Jahren publizierten Beiträge zum Thema „Wandlungen des Begriffs sozialer Fortschritt" haben dargetan, daß die Erwartung einer ständigen Steigerung der sozialen Leistungen des Staates bzw. der Betriebe, wie die Hoffnung auf eine vorläufig unbegrenzte Steigerung des Lebensstandards, jedenfalls im westlichen Europa, eine gewisse Ernüchterung erfahren haben. Diese Ernüchterung gilt allgemein für eine idealistische Fortschrittsgläubigkeit, soweit sie über den offenbar kontinuierlichen technischen und wissenschaftlichen Fortschritt hinausgeht.

Diese Ernüchterung kann uns helfen, nicht nur gebannt auf die nationalen Möglichkeiten sozialer Weiterentwicklung zu starren, sondern freier zu werden für die Einsicht in eine weltweite gesellschaftliche Verantwortung. Auch die Sozialpartner werden nicht an der Beantwortung der Frage vorbeikommen, ob sie um dieser Verantwortung willen zu Opfern bereit sind.

Die führenden Köpfe der beiden Sozialpartner, die unsere Gesellschaft kooperativ tragen und repräsentieren, dürften jedenfalls in der Überzeugung einig sein, daß sich mit dem schnellen sozialen Umbruch in Asien, Afrika und Latein-Amerika eine Revolution vollzieht, die an Bedeutung der kommunistischen Revolution in Rußland oder der Erfindung der Atomkernspaltung gleichkommt und also uns alle mitbetrifft.

Die Einsicht, daß die Weiterentwicklung der Geschichte allerdings nicht — wie Karl Marx und andere Theoretiker glaubten — völlig kalkulierbar ist, gehört auch zu der erwähnten Ernüchterung.

Es ist kein Zweifel, daß im Bereich der sog. westlichen Länder politische Motive im Spiel sind, wenn das Thema der Hilfe für die Entwicklungsländer zu einem Modethema geworden ist. Natürlich ist hier ein Wettlauf Ost—West im Gange. Aber der Wille zum Sieg in

---

[1] Unabhängige Zeitschrift für Sozialpolitik „Sozialer Fortschritt" (Verlag Duncker & Humblot, Berlin), Heft 10/1959, S. 217 ff.; vgl. auch Heft 8/9/1958, S. 177 ff., und Heft 10/1958, S. 209 ff.

diesem Wettlauf reicht als Motiv jedenfalls unter dem unserer Gesellschaft naheliegenden Aspekt kooperativer sozialer Verantwortung nicht aus.

Es ist nützlich, die zahlreichen Berichte ernst zu nehmen, nach denen die Völker der Entwicklungsländer ihrerseits an einer westlichen oder östlichen Doktrin offenbar erstaunlich wenig interessiert sind. Sie fragen nach der sachlich empfehlenswerten Hilfe und Partnerschaft.

Die Bundesrepublik gibt heute ein weltweit beachtetes Beispiel der hochindustrialisierten Prosperität. Die steil ansteigenden Produktionsziffern drängen auf steigenden Export. Sind nicht natürlicherweise auch Profitmotive im Spiel, wenn heute der westdeutschen Wirtschaft und dem Staat an einer vertrauensvollen Beziehung zu den Entwicklungsländern gelegen ist?

Eine sozialpolitische Gesellschaft kann aus der Geschichte der Sozialpolitik ihres eigenen Landes die Einsicht ableiten, daß auch langfristige historische Schulden bezahlt werden müssen. Die koloniale Epoche hat solche Schulden hinterlassen. Die Bundesrepublik trägt als hochindustrialisiertes Land in Europa hier auch dann die Mitverantwortung, wenn Deutschland seit 1918 nicht mehr selbst vor die schwierige Aufgabe gestellt war, eigenen Kolonialbesitz unter mehr oder weniger großen Opfern schrittweise in eine politische Selbständigkeit überführen zu müssen. Die armen Entwicklungsländer sehen es als ein ihnen zustehendes Recht an, daß die reichen, hochindustrialisierten Länder ihnen heute Hilfe gewähren. Eine sozialpolitisch verantwortliche Einstellung wird im nationalen wie internationalen Bereich geeignet sein, dieses Recht zu bestätigen. Die Wohlhabenden sind nach den Normen der sozialen Gerechtigkeit in gewissem Sinne immer mitverantwortlich für die Bedürftigen.

Nach diesen Bemerkungen über die Motive der Tagung ist es erforderlich, eine zweite Frage zu stellen: welche Gedanken haben uns bei der Formulierung des Gesamtthemas und der Vorträge im einzelnen bewegt?

Wandlungen in der Welt

Schnelle soziale Veränderungen bringen es offenbar ebenso wie eine steile industrielle Entwicklung mit sich, daß gerade für die Hauptverantwortlichen — die gleichsam an der Front der Wandlungen eingesetzt sind — wenig Zeit bleibt, um gelassen, auf die Geschichte horchend, nachzudenken. Die Bewältigung der nächstliegenden drängenden Aufgaben erfordert jedoch alle Kräfte.

Alle Veranstaltungen und Enqueten unserer Gesellschaft für Sozialen Fortschritt sind Ansätze zu einem solchen innehaltenden Horchen auf die Geschichte. Viele heutige Sozialprobleme lassen sich nicht mit gestern bewährten Methoden bewältigen. Auch dürfen wir die in unserer industriellen und sozialen Entwicklung bewährten Maßstäbe nicht ohne weiteres auf die Entwicklungsländer übertragen.

Wir erhoffen uns vor allem von den beiden Referaten unserer ausländischen Freunde, dem von Herrn Prof. Dr. de V r i e s wie dem von Herrn stellv. Generaldirektor R e n s, sowohl eine wichtige sachliche Information als auch eine Anregung zum Horchen auf die geschichtlichen Wandlungen in der Welt.

Wirtschaftshilfe als menschliche Verpflichtung

Ganz abgesehen vom Referenten zu diesem Thema, Herrn Prof. Dr. E r h a r d, dem Bundesminister für Wirtschaft, steht dieses Thema inhaltlich im Mittelpunkt.

Was ist jedoch nach der Konzeption des Veranstalters mit menschlicher Verpflichtung gemeint? Die Person des Referenten und die Träger unserer Gesellschaft, Arbeitgeber, Gewerkschaften, Sozialpolitiker und Wissenschaftler garantieren ausreichend, daß hier kein falscher Idealismus im Spiel ist. Von unseren nationalen sozialpolitischen Erfahrungen her ist es voll verständlich, daß die Entwicklungsländer selber keine caritativen Maßnahmen wollen. Es ist aber aus den gleichen Erfahrungen verständlich, daß wir den Faktor des Vertrauens unter ungleichartigen Partnern hoch einschätzen. Unsere Gesellschaft würde sich glücklich schätzen, wenn diese Veranstaltung gerade unter unseren zahlreichen ausländischen Gästen das Vertrauen stärken würde, daß es führenden Männern der Wirtschaft und Sozialpolitik in der Bundesrepublik ernst ist mit ihrem Interesse für die Sache der Entwicklungsländer.

Viele unter uns wissen, daß uns aus diesen Ländern nicht nur eine sehr verständliche Empfindlichkeit gegenüber allen Maßnahmen, die neue Formen des Kolonialismus auch nur vermuten lassen, entgegenkommt, sondern auch die große Bereitschaft zu Partnerschaft und Freundschaft.

Die Formulierung „menschliche Verpflichtung" drückt unser Bemühen aus, auf dieses Vertrauen zuzugehen, indem wir unser Verständnis für die Lage in diesen Ländern ausweiten.

Schließlich bringen die Formulierungen des Inhalts der vorgesehenen Kurzbeiträge schon zum Ausdruck, daß wir auf konkrete Folgerungen hinauswollen.

Ist es gerade uns Deutschen eine naheliegende Neigung, mit großem Elan in der Debatte gerade solche Fragen und Themen aufzugreifen, die so weltweit sind, daß man mit ihrer Erörterung hautnahen Aufgaben und Fragestellungen auszuweichen vermag? Diese Versuchung ist sicher auch beim Thema „Entwicklungs-Länder" im Spiel. Man stellt sich auch gelegentlich angesichts der zahlreichen Hilfsprogramme für die Entwicklungsländer die Frage, ob der von diesen Ländern selbst wahrnehmbare Effekt in einem rechten Verhältnis zur Anzahl der Programme und dem Umfang der Administration dieser Aktionen steht.

Unsere Gesellschaft ist darüber orientiert, daß nicht nur seitens der UNO, der EWG-Staaten usw., sondern auch durch Initiative unserer Bundesregierung und der Sozialpartner eine Fülle von nützlichen Maßnahmen im Gange ist. Kann man aber bereits von einer spürbaren inneren Anteilnahme der Bevölkerung an diesen Aufgabenstellungen reden? Entspricht eine vitale Privat-Initiative den von „oben" eingeleiteten Maßnahmen?

Unsere Gesellschaft würde glücklich sein, wenn diese Veranstaltung nicht nur zu konkreten Maßnahmen der Sozialpartner und der Bundesregierung anregen, sondern das Verständnis unserer Bevölkerung für die europäische Verantwortung gegenüber Asien und Afrika stärken würde.

Das Freiheitsstreben der Entwicklungsländer und die neue Form der europäischen Verantwortung

Von Prof. Dr. Egbert de Vries,
Direktor des Instituts für Sozialstudien, Den Haag

1. In dem kurzen Zeitraum von weniger als 15 Jahren hat die politische Selbstbestimmung und Unabhängigkeit in ganz Asien, dem Mittleren Osten und in Afrika einen gewaltigen Auftrieb erlangt.

Seit dem Ende des Zweiten Weltkrieges sind mindestens 25 neue Staaten gebildet worden, und in Afrika ist der Prozeß einer Kristallisierung neuer Nationen in vollem Gange. Er umschließt 800 Millionen Menschen, das sind 30 Prozent der Weltbevölkerung.

Politische Freiheit, so könnte man sagen, war da, um sie zu ergreifen, und es gab sowohl Gruppen, die darauf brannten, diese neue Macht zu erlangen, als auch eine auf Realismus gegründete Bereitschaft, die politische Verantwortung zu übergeben.

2. Was also können die Entwicklungsländer noch angeben, was ihnen als Freiheitsstreben ausgelegt werden könnte? Die Antwort ist eine zweifache, vor allem aber eine p s y c h o l o g i s c h e. In den meisten früheren kolonialen Territorien besteht ein tief verwurzeltes Mißtrauen dahingehend, daß ein imperialistisches Motiv dem Vorgang zugrunde liegen müsse, wenn man einem neuen Land die Freiheit gibt. Wenn man von diesem Gesichtspunkt ausgeht, werden natürlich viele echte Gesten falsch ausgelegt.

Dieses Mißtrauen entsteht besonders dann, wenn es das Mutterland nicht für möglich ansieht, einen Zeitplan anzugeben, nach dem schrittweise immer mehr Unabhängigkeit gewährt wird. Legen dagegen die Verwaltungsbehörden einen Zeitplan vor, entsteht oft das gleiche Mißtrauen. Die Übergangszeit sei zu lang, der erste Schritt sei ungenügend vorbereitet, usw.

Auch wenn der objektive Beobachter — wenn es den überhaupt gibt — dieses Mißtrauen als unberechtigt bezeichnet, bleibt es ein wesentlicher politischer Faktor, mit dem gerechnet werden muß.

Bei der Gewährung der Unabhängigkeit ist im allgemeinen auf Seiten des Mutterlandes der ehrliche Wunsch vorhanden, starke wirtschaftliche und finanzielle Beziehungen aufrechtzuerhalten. Wenn dieses Bestreben auf wenig Begeisterung stößt, so ist wieder der gleiche psychologische Faktor die Ursache.

Es gibt auch eine beachtenswerte p o l i t i s c h e Ursache für dieses Mißtrauen.

In der Atmosphäre des Kalten Krieges versuchen sowohl die westlichen als auch die kommunistischen Länder die neuen Staaten in ihrem Einflußbereich zu halten oder sie hierin einzubeziehen. Bei den Beziehungen und Verflechtungen des sozialen Lebens muß es für asiatische, Mittelost- und afrikanische Länder schwer sein, den Unterschied zu erkennen, zumal die gegenseitigen ideologischen, sozialen und kulturellen Beziehungen in bezug auf die politische Situation ebenfalls von überragender Bedeutung sind.

3. In welcher Form zeigt sich nun dieses Freiheitsstreben?

In einigen Ländern ist es auf eine eifersüchtig gehütete politische Neutralität beschränkt. Indien ist ein Beispiel für diese Haltung; in der Weltpolitik hat es sorgfältig vermieden, sich weder nach den USA noch nach der Sowjet-Union auszurichten. In der Asienpolitik und auch in der Innenpolitik steht Indien entschieden im demokratischen Lager. Es ist so sehr bemüht, nicht mißverstanden zu werden, daß es sich auch jeden Drucks auf seine Bürger in wirtschaftlichen, sozialen und politischen Angelegenheiten enthält. Als Folge hiervon könnte es eher wegen eines Übermaßes an Demokratie statt umgekehrt getadelt werden. Indien möchte von jeder Seite Hilfe erhalten, vorausgesetzt, daß sie an keine politischen Bedingungen geknüpft ist.

Andere Länder, die in ihrer Innenpolitik aufrichtig antikommunistisch sind, flirten in der Außenpolitik mit beiden Lagern. Ein unfreundlicher Beobachter würde sagen: Sowohl dem Osten als auch dem Westen gegenüber wird „erpresserisch" gehandelt. Für diese Haltung sind die Vereinigte Arabische Republik und Indonesien Beispiele.

Ich bin der Meinung, daß sich Indien wie Ägypten so lange als wirklich frei betrachten, wie sie auf diesem Wege fortfahren dürfen. Wenn sie jedoch zu entscheiden hätten — nicht etwa, weil auf sie Druck ausgeübt würde, sondern als Ergebnis der weltgeschichtlichen Entwicklung — so würden sie sich unfrei fühlen. Ihre Empfindlichkeit, wenn man es in anderen Worten ausdrückt, ist so groß, daß sie nicht nur die Freiheit der Wahl haben wollen, sondern auch die Freiheit, von einer Wahl frei zu sein. Es ist dies eine Haltung, von der ich glaube, daß sie die westlichen Staaten akzeptieren müssen; denn sie wissen, daß im Falle einer, z. B. N e h r u oder N a s s e r , auferzwungenen Wahl diese sich für die Freiheit entscheiden würden. Dies ist das einzige reale Interesse ihrer Länder. Ich bin ziemlich sicher, daß K a s s e m im Irak in der gleichen Lage ist, während ich für Indonesien nicht so sicher bin.

Ferner gibt es eine größere Gruppe von Staaten, in denen die Lage unterschiedlich ist. Indien, Ägypten und Indonesien sind große Nationen, wenn man sie mit der Mehrheit der neuen Staaten vergleicht. Viele der kleineren unter ihnen müssen sich des bloßen Überlebens willen an die eine oder andere Seite anlehnen. Einige können als Satelliten oder wenigstens als abhängig von militärischer und finanzieller Hilfe von den USA bezeichnet werden, so daß ihre Wahl-Freiheit stark eingeschränkt ist.

Die Mehrheit der Länder — wenn sie auch klein sind — finden ihre Freiheit unvollständig oder zumindest bedroht, wenn der größte Teil der Wirtschaftsbeziehungen mit einem starken Partner abgewickelt wird. Diese Furcht vor monopolistischer Unterstützung ist eine Auswirkung der Kolonialzeit.

Es wird nicht nur der Gedanke eines Monopols der Hilfeleistung abgelehnt, sondern auch die Nachbarn eines Landes werden sehr mißtrauisch. Dies war auch der Grund für das Schicksal der Eisenhower-Doktrin im Mittleren Osten, daß kein Land einen größeren Betrag an US-Hilfe ohne Gefährdung seiner Sicherheit annehmen konnte. Im Sommer 1958 entschied sich zunächst Libanon für diese Art der Hilfe. Aber kein kleines Land im Mittleren Osten will dieses Experiment wiederholen. Eine Kombination der Hilfsmaßnahmen von den USA und der Sowjet-Union findet dagegen großen Anklang und macht den Eindruck, daß man frei und geschickt sei.

Nach dem Jahre 1950 konnte Indonesien die holländischen wirtschaftlichen Interessen und Investitionen nicht mehr vorherrschen lassen. Obwohl Indonesien kaufen und verkaufen konnte, wo es wollte, und sein Export nach den Niederlanden nur 12 vH der Gesamtausfuhr ausmachte, sah es in den holländischen Plantagen sowohl ein Monopol wie auch eine Bedrohung der Freiheit. Eine ähnliche Situation besteht auf dem Gebiet der kulturellen Beziehungen. Die Indonesier tadelten die Holländer, und die afrikanischen Mitglieder der Französischen Gemeinschaft beginnen ebenfalls die Franzosen zu tadeln, weil diese sie nur e i n e n Zweig der europäischen Kultur und Sprache lehren. Auch hier steht wirklich oder vermutlich das Fehlen der freien Entscheidung hinter diesem Ressentiment.

Besinnen auf die eigene Vergangenheit

Fast alle neuen Staaten besinnen sich — als Maßnahme der Verteidigung gegen den erdrückenden westlichen Einfluß — der eigenen ruhmvollen militärischen und kulturellen Vergangenheit. Das gilt auch für Afrika südlich der Sahara. Gleichzeitig mit der Assimilierung eines großen Teils westlichen Geistes und westlicher Kultur weist man den westlichen Einfluß zurück.

Politisch finden diese Staaten Schutz in einer großen Afro-Asiatischen Gruppe in den Vereinten Nationen (die Bandung-Gruppe), die offiziell auf den „pantja-sila" (das sind die fünf Säulen des politischen und sozialen Verhaltens), inoffiziell jedoch auf Beschwerden gegen den Westen fußt. Sie sind in ihrem Element, wenn sie westlichen Materialismus, Kapitalismus und Militarismus (z. B. die französische Atom-Bombe) verurteilen können.

Die Latein-Amerikanischen Staaten haben eine ähnliche Schutz-Gemeinschaft, die „Organisation der Amerikanischen Staaten", gebildet.

4. Kurz zusammengefaßt — die neuen Staaten fügen den vier Freiheiten noch etwas hinzu. Freiheit bedeutet ihnen vor allem Wahl-Freiheit. Aber in ihrer Furcht vor einer Bindung fragen sie nach einem Frei-Sein von einer Wahl. Es ist eine schwierige Welt, in ihr unter diesen Voraussetzungen zu leben.

5. Natürlich haben sich einige Länder für die USA, andere für die Sowjet-Union entschieden. Vielleicht mußten sie es tun, um zu überleben. Beispiele hierfür sind Albanien, Ungarn, Nord- und Südkorea, Nord- und Südvietnam, Formosa. Andere Länder haben sich nach reiflicher Überlegung anders entschieden: Türkei, Griechenland, Iran, Pakistan. Wieder anderen ist es nicht gestattet, sich anzulehnen — diesem Mangel an Freiheit wird ebensosehr Widerstand geleistet —. Österreich, Finnland und Laos sind Beispiele von Ländern, die sich nicht offen als zum Westen gehörend bekennen dürfen, obwohl sie es gern möchten.

Unter denen, die sich nicht entscheiden wollen — und die deshalb wieder in anderer Beziehung unfrei sind —, findet man überraschenderweise die Schweiz.

Streben nach stabileren Wirtschaftsformen

6. Wenn das Macht-Gleichgewicht vielen kleinen Staaten ein prekäres Frei-Sein von einer politischen Wahl zugesteht, gibt es noch eine andere Dimension des Wählens — nämlich auf wirtschaftlichem Gebiet. Die Menschen dort haben ihren Glauben an einen freien Austausch von Rohstoffen gegen Industrieprodukte verloren. Sie glauben, daß die wirtschaftliche Entwicklung von der Industrialisierung abhängt. Vor allem in Latein-Amerika hat das Ressentiment gegen den „Dollar-Imperialismus" in wirtschaftlichen Zielsetzungen als ein Streben nach Industrialisierung, einer vielseitigen Volkswirtschaft und einer Stabilisierung der Rohstoffpreise seinen Ausdruck gefunden.

Es muß zugegeben werden, daß die öffentliche Meinung des Westens und auch die westlichen Regierungen — allerdings sehr ungern — die Forderung der neuen Staaten nach einer stabileren Wirtschaft zwar angenommen, aber in dieser Richtung wenig getan haben. Studiengruppen und Waren-Abkommen sind allein nicht in der Lage, das Einkommen der unterentwickelten Länder zu stabilisieren.

Die kleine Nachkriegsrezession in den Vereinigten Staaten und der kurze Korea-Boom haben sich auf das Entwicklungspotential der tropischen Rohstoffländer sehr nachteilig ausgewirkt.

Ein weiterer Faktor war die landwirtschaftliche Umwälzung in Westeuropa und Nordamerika, die in den hochentwickelten Ländern eine Konzentration der Überproduktion an Nahrung wie an Industrieerzeugnissen verursachte. Das ist gleichbedeutend mit einer strukturellen Störung des Gleichgewichts, das nicht durch zeitlich begrenzte Maßnahmen und Schenkungen wiedergewonnen werden kann. Der politische Wille, diese schicksalhaften Probleme zu meistern, ist jedoch in den industrialisierten Ländern nicht stark genug gewesen.

Die mittelamerikanischen, einige südamerikanische und die arabischen Länder versuchen gerade jetzt, die Sackgassen der „Gemeinsamen Märkte" in denjenigen Gebieten zu erforschen, wo die Beteiligten eigentlich recht wenig voneinander kaufen.

7. Monopole des Handels oder der Produktion (Öl-Raffinerien) werden genau so verachtet wie politische Monopole (Kolonialismus) oder Monopole der Hilfe (Eisenhower-Doktrin, der Hilfe mit beigegebenen Auflagen).

Europäische Verantwortung

8. Wenn man das politische, soziale und psychologische „Klima" in den Entwicklungsländern betrachtet, so ist die Frage nach den neuen Formen der europäischen Verantwortung vollauf berechtigt.

Um einmal abzuwägen, was bisher getan wurde und was getan werden sollte, müssen wir von folgenden Grundvoraussetzungen ausgehen:

a) Ein geteiltes Europa hat in zwei Weltkriegen die militärische (und moralische) Vorherrschaft verloren. Die drei entstandenen Größen sind die USA, die Sowjetunion und China.

b) Europa hat im Verlaufe dieser Entwicklung die meisten seiner früheren Kolonien unabhängig werden sehen.

c) Nach der Marshallplan-Hilfe hat sich Westeuropa in wirtschaftlicher Hinsicht bemerkenswert gut erholt.

d) Europa befindet sich in einem Prozeß der Integration (oder zumindest der Zusammenarbeit), der auf ein Bedürfnis nach einer miteinander abgestimmten Politik auf den Gebieten des Welthandels und der Hilfe hinführt.

e) Europa ist bei weitem der bedeutendste Importeur tropischer Erzeugnisse.

f) Europa hat viele historische Bande und Verpflichtungen gegenüber Asien, Afrika und Latein-Amerika.

Notwendige Schlußfolgerungen

In der finanziellen Hilfe (Beihilfen und langfristige Anleihen)

Europa muß lernen, was es heißt, wieder zur Prosperität gefunden zu haben. Unser gemeinsames Wirtschaftspotential ist etwa mit dem der USA zu vergleichen, obwohl unser Pro-Kopf-Einkommen viel niedriger ist. Außer Frankreich und Belgien (bei einer Gewährung von Beihilfen und langfristigen Anleihen für den Kongo im Werte von 4 bis 5 Milliarden belg. Franken) stellt kein europäisches Land proportional auch nur annähernd so viel bereit wie die USA. Wir geben sogar weniger, als die Sowjet-Union den nicht-kommunistischen Ländern gibt (0,6 vH ihres Volkseinkommens). Die Vereinigten Staaten haben durchaus recht, wenn sie Europa um eine angemessene Beteiligung an diesen Lasten angehen.

Wie das Beispiel der kolonialen und ehemaligen kolonialen Länder zeigt, spielen frühere Verpflichtungen eine große Rolle. Das europäische Interesse am Welthandel sollte jedoch die Länder Europas auch anspornen, mehr für Auslandshilfen auszugeben.

In der technischen Unterstützung

Europa hat viele besondere und spezifische Möglichkeiten, die wir voll ausnutzen sollten. Bei einem Vergleich mit den USA und der Sowjet-Union haben wir viele Vorteile in der Vielfältigkeit der Kultur, Sprachen, der Erziehung und sozialen Systeme aufzuweisen. In Europa können die neuen Staaten unter einer Vielfalt von Möglichkeiten wählen, was bei jenen großen Nationen nicht der Fall ist. Sie haben nur „schwarz" und „weiß", wir aber haben „Farbe".

Die Europäer haben deshalb die Fähigkeit der Anpassung und können — da sie Erfahrungen durch Widersprüche zwischen technischen Möglichkeiten und politischen Realitäten auf dem eigenen Kontinent sammeln konnten — das afrikanische Zaudern und Widerstreben besser verstehen.

In kultureller und sozialer Hinsicht

Weiterhin gibt es noch die Erinnerung an die europäische Fortschrittlichkeit. Obwohl wir unseren alten Ruf als Pioniere erst wiederherzustellen hätten, sollten wir unser Bestes versuchen. Innerlich stark zu sein, ist natürlich in unserem und unserer Kinder direktem Interesse. Das ergibt aber auch die Chance, andere daran teilhaben zu lassen. Die europäische, politische, kulturelle und soziale Geschichte wird nun unter dem Vorzeichen der Brüderlichkeit der Welt neu geschrieben. Aber wie liest sich die Geschichte Europas seit Vasco da Gama und Kolumbus aus der Perspektive Indiens, Mexikos und Afrikas? Es hängt noch viel von uns Europäern ab, um wirklich menschlich zu sein oder zu werden.

Politische Folgen

Die Bewegungen und Versuche ein vereinigtes Europa zu schaffen, zumindest aber ein gespaltenes Europa zu vermeiden, hat für die Entwicklungsländer wesentliche Folgen. Diese Länder wünschen Frieden und Wohlstand, und unter den gegenwärtigen Umständen können sie das nur erreichen, wenn Europa politisch stark ist, so daß man von einer gleichmäßigen Gewichtsaufteilung in vier Blöcken über die großen Landmassen der nördlichen Hemisphäre sprechen kann.

Worin kann die europäische Verantwortung am besten ihren Ausdruck finden?

9. Als politische Realität sehe ich die riesigen bilateralen Hilfsprogramme der USA und der Sowjet-Union. Europa könnte versuchen zu konkurrieren, aber das scheint unklug und wirkungslos. Wenn wir den bilateralen Weg im Weltmaßstab wählen, werfen wir die wenigen Vorteile weg, die in unserer europäischen Struktur begründet sind. Wir müssen zugeben, daß Großbritannien, Frankreich, Belgien und in geringerem Maße die Niederlande und Portugal noch unilaterale Verpflichtungen und Programme gegenüber den Mitgliedern des Commonwealth of Nations, der Communauté Française, des Niederländischen Reichs usw. haben. Es bleiben jedoch — besonders, wenn Europa seinen Anteil an den Lasten erhöht — noch große Reserven, die Europa bei Bedarf nutzen kann.

Meine These geht dahin, daß in isoliertem Vorgehen eine Gefahr zu sehen ist. Eine schlechte Politik wäre es jedoch, „cartel of donors" — ein „Kartell der Schenkenden" — zu schaffen. Das würde uns, zu ungleichen Bedingungen, zu einem direkten Konkurrenten der USA und der Sowjet-Union machen.

Gemeinsames Planen und Handeln

Als Prinzip sollte gemeinsames Planen und Handeln gelten, aber bei den Konsultationen sollten die Entwicklungsländer hinzugezogen werden.

Wenn wir nun die multilaterale Annäherung wählen, muß dann alles über die Vereinten Nationen und ihre speziellen Organisationen laufen? Meiner Meinung nach nicht. Obwohl die Vereinten Nationen unterstützt werden müssen, sollte Europa nicht alles auf eine Karte legen.

Das läßt die Möglichkeit weit offen, nach der Art des Colombo-Plans zu verfahren, was ich für sehr fruchtbar halte (natürlich mit Beteiligung der USA und des Commonwealth und in manchen Fällen der Sowjet-Union). Ich glaube nicht an weltweite Programme (mit 40 gebenden und 110 empfangenden Staaten), sondern vielmehr an eine Verknüpfung von regionalen Programmen wie z. B.

>Südwest-Pazifik
>Südost-Asien
>Süd-Asien
>Arabische Länder
>Afrika südlich der Sahara
>Europäische Randstaaten
>Karibische Staaten
>Latein-Amerika.

In jeder Region sollten die entsprechenden zuständigen Regierungen gemeinsam mit angenommenen „Spendern" in vollem Umfang beteiligt werden. Jeder Staat könnte wählen, ob er ein substantieller Partner in einem oder mehreren oder allen regionalen Programmen sein will. Das letztere ist wohl nur den größten, stärksten und überall akzeptierten „Spendern" zu empfehlen.

Bedeutung nicht-staatlicher Hilfe

10. Nicht-staatliche Kanäle sind ebenfalls von großer Bedeutung. Sie arbeiten auf zwei Ebenen.

Private Investitionen

Dieser Fluß wird ein Rinnsal bleiben, wenn
a) staatliche und zwischenstaatliche Investitionen nicht auf die wirtschaftliche und soziale Infrastruktur achten,
b) ausländische private Investitionen nicht nur nominell, sondern auch tatsächlich als Ergänzung der nationalen und internationalen Entwicklungsbemühungen akzeptiert werden.

Nicht-staatliche Institutionen aller Art — wie die von der FAO jetzt eingesetzten — können außerordentlich wichtige Funktion ausüben.

Ruf an Europa

Wenn jemals ein R u f an Europa in seiner Gesamtheit ergangen ist, so geschieht es in unseren Tagen. Wer wird Hoffnung, Würde und wirkliche Freiheit bringen?

Eine Antwort könnte sein, daß wir unglücklicherweise auf ein neues politisches und wirtschaftliches Gleichgewicht warten müssen, das allen Nationen erlaubt, abzurüsten und ihr wirtschaftliches und soziales Leben frei von zyklischen Krisen zu entwickeln. Wenn das der Fall wäre, würde für unsere Generation keine Hoffnung sein. Die einzige realistische Antwort spricht für eine baldige Versöhnung durch verantwortungsvolles und großzügiges Teilen mit den Entwicklungsländern. Wenn Europa die Wege auf diese Antwort findet, wird es sich auf eine enge Zusammenarbeit mit allen beteiligten staatlichen und nicht-staatlichen Institutionen, Kirchen und Gewerkschaften, Privatkapital und freiwillige Gemeinschaften stützen müssen. Der Ruf Asiens und Afrikas wandelt sich deshalb in das Bedürfnis zur Selbstprüfung. Die Grenzen der Möglichkeiten Europas hängen von unserer eigenen Stärke und Einigkeit ab; wenn es uns nicht gelingt, entsprechend unserer Verantwortung zu leben, kann es geschehen, daß es uns nicht gelingt, überhaupt zu überleben.

Das Sozialprogramm der Vereinten Nationen für die Entwicklungsländer

Von Jef Rens,
stellvertretender Generaldirektor des Internationalen Arbeitsamtes, Genf

Vor elf Jahren — am 20. Januar 1949 — verkündete Präsident Truman in seiner Botschaft an den Kongreß der Vereinigten Staaten eine Idee, die starken Widerhall finden sollte: die Idee einer internationalen technischen Zusammenarbeit, in deren Rahmen die materiell und technisch am meisten begünstigten Nationen den bedürftigsten Nationen zu Hilfe kommen sollten.

Noch im gleichen Jahr beschlossen die Vereinten Nationen, diesem fruchtbaren Gedanken durch Maßnahmen der internationalen Politik Gestalt zu verleihen, indem sie ihr Programm für Technische Hilfe lancierten.

Wie entstand diese Idee der Technischen Hilfe und der Wirtschaftshilfe? Sie scheint einen dreifachen Ursprung zu haben.

1. Sie ist darauf zurückzuführen, daß den Menschenmassen, die zusammen rund zwei Drittel der Weltbevölkerung darstellen, die zunehmende Ungleichheit, die ihr eigenes Lebensniveau vom Lebensniveau einer privilegierten Minderheit der Menschheit trennt, immer mehr zum Bewußtsein kommt. Dieses Bewußtwerden ist von dem Willen begleitet, diese Ungleichheit zu beseitigen.

2. Die Idee der Hilfeleistung entspringt der Erkenntnis immer größerer Gruppen der Bevölkerung der privilegierten Länder, daß sie sich mit den zu kurz gekommenen Völkern solidarisch fühlen müssen und die Pflicht haben, ihnen zu helfen.

3. Sie entspringt der Einsicht der Staatsmänner und eines ständig wachsenden Teiles der Öffentlichkeit in den fortgeschrittenen Ländern, daß sie das erreichte Niveau des Wohlstandes nicht werden bewahren können, wenn die Kluft zwischen den armen Nationen und den reichen Nationen sich noch mehr vertieft.

Einige Zahlen sollen den dramatischen Charakter der durch das Phänomen der sogenannten „Unterentwicklung" geschaffenen Situation vor Augen führen. Nach statistischen Angaben der Vereinten Nationen betrug das jährliche Volkseinkommen pro Kopf der

Bevölkerung während des Zeitraums von 1952—1954 für die nachstehenden
sechs fortgeschrittenen Länder:

Vereinigte Staaten	$ 1.87	(Bevölkerung 1953: 159 000 000)
Kanada	$ 1.310	(Bevölkerung 1953: 15 000 000)
Schweiz	$ 1.010	(Bevölkerung 1953: 4 800 000)
Neuseeland	$ 1.000	(Bevölkerung 1953: 2 000 000)
Schweden	$ 950	(Bevölkerung 1953: 7 000 000)
Bundesrepublik Deutschland	$ 510	(Bevölkerung 1953: 49 000 000)

Die entsprechenden Zahlen für die nachstehenden Entwicklungsländer
lauten:

Ceylon	$ 110	(Bevölkerung 1953: 8 300 000)
Pakistan	$ 70	(Bevölkerung 1953: 80 000 000)
Indien	$ 60	(Bevölkerung 1953: 380 000 000)
Burma	$ 50	(Bevölkerung 1953: 19 000 000)
Uganda	$ 50	(Bevölkerung 1953: 5 300 000)

Zwischen diesen Extremen liegen die Zahlen für die folgenden Länder:

Libanon	$ 260	(Bevölkerung 1953: 1 300 000)
Kolumbien	$ 250	(Bevölkerung 1953: 12 000 000)
Brasilien	$ 230	(Bevölkerung 1953: 55 000 000)
Mexiko	$ 220	(Bevölkerung 1953: 28 000 000)
Türkei	$ 210	(Bevölkerung 1953: 22 000 000)

Auch wenn man Zweifel hegt, ob das Volkseinkommen pro Kopf der Bevölkerung einen zuverlässigen Maßstab für das materielle Niveau dieser Bevölkerung darstellt und ob die zu seiner Ermittlung angewandten statistischen Methoden exakt genug sind, wird man zugeben müssen, daß schon die Größenordnung dieser Zahlen genügend aussagt. Die Situation ist noch alarmierender, wenn man die Entwicklung dieser Länder innerhalb eines gegebenen Zeitabschnittes verfolgt. Die nachstehenden Zahlen gestatten einen Vergleich zwischen dem Stand des Pro-Kopf-Einkommens in den erwähnten fortgeschrittenen Ländern während der Jahre 1952 bis 1954 und 1955 bis 1957:

	Durchschnitt 1952—1954	Durchschnitt 1955—1957
Vereinigte Staaten	$ 1.870	$ 2.068
Kanada	$ 1.310	$ 1.428
Schweiz	$ 1.010	$ 1.183
Neuseeland	$ 1.000	$ 1.136
Schweden	$ 950	$ 1.055
Bundesrepublik Deutschland	$ 510	$ 690

Die Entwicklung in den Ländern mit dem niedrigsten Lebensniveau
kommt in den folgenden Zahlen zum Ausdruck:

Ceylon	$ 110	$ 111
Pakistan	$ 70	$ 55
Indien	$ 60	$ 64
Burma	$ 50	$ 45

Die entsprechenden Zahlen für die Länder der mittleren Einkommensgruppe sind:

Libanon	$ 260	$ 322
Kolumbien	$ 250	$ 220
Brasilien	$ 230	$ 165
Mexiko	$ 220	$ 219
Türkei	$ 210	$ 217

Diese Zahlen erlauben nur einen Schluß: Ein Stagnieren oder Sinken bei den armen Nationen, ein Steigen, zum Teil in sehr raschem Tempo, bei den reichen Nationen. Es ist wohl kaum notwendig, zu betonen, wie sehr eine solche Situation mit Zündstoff geladen ist. Wenn nicht unverzüglich radikale Maßnahmen zu ihrer Änderung ergriffen werden, läuft die Menschheit Gefahr, das Opfer furchtbarer Katastrophen zu werden. Dann wird die Erde im Jahre 2000 auch nicht von den fünf Milliarden Menschen bevölkert sein, die heute von den Bevölkerungsstatistikern vorausgesagt werden.

Man wird also die Bedeutung der Hilfe in allen ihren Formen für die Länder, die ihrer in so außerordentlichem Maße bedürfen, verstehen und man wird auch begreifen, weshalb die Technische Hilfe in den Programmen der Vereinten Nationen und der Sonderorganisationen eine immer größere Rolle spielt. Innerhalb eines einzigen Jahrzehnts hat sich das erweiterte Technische Hilfeleistungsprogramm zu einem Werk entwickelt, das aus dem Tätigkeitsbereich der Vereinten Nationen nicht mehr wegzudenken ist und dessen Wirkung weit über die Grenzen hinausreicht, die ihm durch verhältnismäßig bescheidene Geldmittel — rund 250 Mill. Dollar, die während des Zeitraumes von 1950 bis 1959 zur Verfügung standen — gezogen sind.

Diesem Programm wurde 1959 ein neues Instrument angegliedert, mit dem die Vereinten Nationen und die Sonderorganisationen ihre Hilfsaktion für die Entwicklungsländer zu vervollständigen gedenken, nämlich der sogenante „Sonderfonds". Aus ihm konnten in den ersten sechs Monaten seines Bestehens noch vor Ablauf des Jahres 1959 bereits mehr als 32 Millionen Dollar für verschiedene Vorhaben bereitgestellt werden, und der Verwaltungsrat des Sonderfonds wird sich mit dem Vorschlag befassen, eine weitere Summe von 23 Mill. Dollar zu bewilligen.

Zur Zeit ist die Internationale Bank für Wiederaufbau und Wirtschaftsförderung bemüht, eine neue Finanzierungseinrichtung zu gründen, nämlich die Internationale Vereinigung für Entwicklungshilfe. Diese Vereinigung wird ihre Tätigkeit unter der Aufsicht der Weltbank ausüben, sie wird aber im Unterschied zu dieser den Entwicklungsländern Anleihen gewähren können, die sie in ihrer eigenen Währung zurückzahlen können und für die der Zinsfuß außerordentlich bescheiden sein wird. Das Anfangkapital dieser Vereinigung beträgt eine Milliarde Dollar. Alles spricht jedoch dafür, daß dieses Kapital ziemlich rasch erhöht werden wird, um den Bedürfnissen der Entwicklungsländer Rechnung zu tragen.

Zieht man in Betracht, daß der ordentliche Haushalt der Vereinten Nationen und mehrerer Sonderorganisationen ebenfalls Bewilligungen für technische und praktische Hilfstätigkeit vorsieht — bescheidene Beiträge, verglichen mit den soeben erwähnten Summen (353 000 Dollar aus Budgetmitteln der Internationalen Arbeitsorganisation für 1960 und 2 Millionen Dollar für die Vereinten Nationen für das gleiche Jahr), die aber, wenn man sie zu den anderen Beträgen zuzählt, keineswegs zu verachten sind —, dann begreift man, daß die Technische Hilfe heute ein Wesenselement der Wirksamkeit der internationalen Organisation bildet, die damit einer von den Staatsmännern erkannten Notwendigkeit entgegenkommt. Sie stellt einen beachtlichen Beitrag zu jenem Kampf dar, der heute auf so vielen Fronten geführt wird, um den Entwicklungsländern ihre natürlichen und menschlichen Hilfsquellen erschließen zu helfen und ein Niveau des Wohlstandes, das nicht mehr das alleinige Vorrecht einiger privilegierter Nationen oder Klassen sein kann, in Reichweite ihrer Bevölkerungen zu rücken.

Aufgaben und Ausmaß der Technischen Hilfe

Im Verlaufe meiner weiteren Ausführungen werde ich in großen Zügen ein Bild der Technischen Hilfe skizzieren, die von den Vereinten Nationen, der Internationalen Arbeitsorganisation, der Weltgesundheitsorganisation und der UNESCO auf sozialem Gebiet geleistet wird.

Es versteht sich von selbst, daß ein großer Teil der im Rahmen des Programms für Technische Hilfe und des Sonderfonds unternommenen Vorhaben und erst recht die von der Internationalen Bank für Wiederaufbau und Wirtschaftsförderung finanzierten Projekte dazu bestimmt sind, den Entwicklungsländern beim Ausbau ihrer Industrie und Landwirtschaft zu helfen und damit ihre Volkswirtschaften auf festere Grundlagen zu stellen. Es ist nur natürlich, daß die Wirtschaftsentwicklung unter den Zielen der technischen Hilfe den ersten Platz einnehmen muß. Andererseits ist es den mit der Durchführung dieser Programme Betrauten sehr bald klar geworden, daß dieses wirtschaftliche Ziel nicht verfolgt werden kann, wenn nicht gleichzeitig die größten Anstrengungen aufgeboten werden, um die Arbeits- und Lebensbedingungen der Bevölkerung dieser Länder zu verbessern.

Als vor mehr als einem Jahrhundert die Länder Westeuropas und Nordamerikas den Weg der Industrialisierung beschritten, vollzog sich diese Umwälzung in einer mit Not und Elend erfüllten Zeit, ich möchte fast sagen, auf dem Elend der Fabrikarbeiter jener Zeit. Die Investitionen, die jene rasche Entwicklung der Industrie bewirkten, erfolgten zum großen Teil auf Kosten der Industriearbeiter. Ebenso sehen wir, daß nach der Revolution von 1917, als Sowjetrußland sich in eine ebenso rasche wie eindrucksvolle Industrialisierung stürzte, die sowjetische Regierung der Bevölkerung viele Jahre lang Entbehrungen auferlegte, während sie den größten Teil ihrer materiellen Hilfsmittel zum Aufbau der Industrie verwandte.

Heute ist es nicht mehr möglich, diesen Weg einzuschlagen, ganz bestimmt nicht unter einem politischen System der Demokratie und Freiheit. Die Völker der am wenigsten entwickelten Länder, ja, selbst die primitivsten Völker, haben durch ihre Kontakte mit der westlichen Welt — Kontakte, die sich in verschiedenen Formen vollziehen — unsere Lebensweise, unseren Lebensstandard, unseren Wohlstand und unseren Komfort kennengelernt. In diesen Ländern ist die Idee des sozialen Fortschritts der wirtschaftlichen Entwicklung vorausgegangen, und es ist schwer, wenn nicht unmöglich, von diesen Völkern, die genau wissen, was diese Dinge bedeuten, zu verlangen, freiwillig Entbehrungen auf sich zu nehmen, nur damit Industrien aufgebaut werden können, an deren Gewinn sie selbst vielleicht nicht teilhaben werden.

Gleichzeitige Förderung des sozialen Fortschritts

Die Vereinten Nationen, die die Rechtmäßigkeit der sozialen Bestrebungen anerkennen und die überdies überzeugt sind, daß der soziale Fortschritt an sich schon ein Motor der Wirtschaftsentwicklung ist. sind entschlossen, den sozialen Fortschritt g l e i c h z e i t i g mit der Wirtschaftsentwicklung zu fördern. Eine Analyse des erweiteren Programms für Technische Hilfe der Vereinten Nationen zeigt, daß in jedem der letzten Jahre rund 40 Prozent der verfügbaren Mittel sozialen und 60 Prozent wirtschaftlichen Vorhaben gewidmet wurden.

Ich möchte hier nicht alle Bereiche der Wirtschaft aufzählen, in denen die Vereinten Nationen und die Institutionen, die mit ihnen zusammenwirken, praktische Hilfe leisten. Ich will nur beiläufig darauf aufmerksam machen, daß es sich um Projekte handelt, die eine wahre Inventur aller Hilfsquellen der Entwicklungsländer darstellen. Diese Vorhaben zielen auf die Aufstellung von Plänen für die Erschließung dieser Hilfsquellen ab. Es handelt sich um Projekte, mit deren Hilfe jene Länder, die bestrebt sind, moderne Staaten zu werden, den hierzu erforderlichen Unterbau in Gestalt eines Verwaltungskörpers, eines Verkehrsnetzes, eines Systems von Elektrizitätswerken erhalten sollen, und schließlich sind es Vorhaben, die sich die Organisation einer rationellen öffentlichen Verwaltung zum Ziele setzen.

Einige dieser Projekte sind ihrem Wesen nach eine Verbindung von wirtschaftlichen und sozialen Leistungen. Dazu gehört, zumindest in einer ganzen Reihe von Fällen, der Bau von Arbeiterwohnungen. Wie kann man z. B. ein Ölfeld erschließen, das oft mitten im Dschungel oder in einer Wüste liegt, wenn man nicht gleichzeitig mit den Förderanlagen Wohnstätten für die Arbeiter errichtet, in deren Hände die Produktion gelegt werden soll? Ein weiteres Beispiel sind die Vorhaben, mit deren Hilfe ländliche Gemeinwesen entwickelt und rückständige Teile der Bevölkerung in das soziale und kulturelle Leben eingegliedert werden sollen; sie haben sowohl sozialen wie wirtschaftlichen Charakter. Ganz besonders aber gilt dies für die Projekte zur Ausbildung der Arbeitskräfte.

Erschreckende Tatsachen

Die uns hier besonders interessierenden sozialen Vorhaben konzentrieren sich hauptsächlich auf die großen Bereiche des Gesundheitsschutzes, der Erziehung und der Arbeitsbedingungen. Seit ihrem Bestehen hat sich die Weltgesundheitsorganisation in der ganzen Welt vornehmlich der Bekämpfung der Seuchen und des Elends gewidmet. Mit ihren Feldzügen gegen die epidemischen Krankheiten und mit tatkräftiger Unterstützung von Ärzten und Spezialisten, die sie in alle Entwicklungsländer gesandt hat, um die gesundheitlichen und sanitären Verhältnisse in diesen Ländern zu verbessern, hat die Weltgesundheitsorganisation ein humanitäres Werk vollbracht, das heute schon seine Früchte zu tragen beginnt. Dennoch bleiben die Bedürfnisse noch immer in einem gewaltigen Mißverhältnis zu den Möglichkeiten, sie zu befriedigen. Einige wenige Zahlen lassen die ganze Furchtbarkeit der Kluft ermessen, die auf dem Gebiet des Gesundheitsschutzes die ärmsten Nationen von den privilegierten trennt.

In den fortgeschrittensten Ländern der Welt kommt im Durchschnitt ein Arzt auf 750 Einwohner. Nimmt man die Industrieländer in ihrer Gesamtheit, so entfällt ein Arzt auf 1000 Einwohner. Vergleichen wir damit die Verhältnisse in den Entwicklungsländern: in Brasilien treffen auf einen einzigen Arzt 3000 Einwohner, in Peru 4500, in Indien 7100, in Pakistan 13 000 und in Uganda 21 000 Menschen. In der Mehrzahl der fortgeschrittenen Länder kann der Mensch hoffen, ein Lebensalter zu erreichen, das zwischen 67 und 70 Jahren schwankt. In Thailand beträgt die durchschnittliche Lebenserwartung 49, in Brasilien 39, in Mexiko 38 und in Indien 32 Jahre.

Weltumspannende Programme

Die Organisation der Vereinten Nationen für Erziehung, Wissenschaft und Kultur, die UNESCO, trägt mit ihrem Hilfsprogramm dazu bei, Hunderte von Millionen von Analphabeten lesen, schreiben und rechnen zu lehren. Ohne diesen Elementarunterricht kann es heute keinen Fortschritt geben. Auch hier reden die Zahlen eine traurige Sprache. Während in den fortgeschrittenen Ländern der Anteil der Analphabeten an der Gesamtbevölkerung verschwindend gering ist, findet man, daß in Brasilien 51 Prozent, in der Türkei 63 Prozent, in Ägypten 74 Prozent und in Indien 80 Prozent aller Männer und Frauen im Alter von über 10 Jahren weder lesen noch schreiben können. Diese Zahlen, die sämtlich den 1958 erschienenen statistischen Jahrbüchern der Vereinten Nationen entnommen sind, bedürfen keines Kommentars. Sie zeigen, wie unentbehrlich die von den Sonderorganisationen der Vereinten Nationen entfaltete Tätigkeit im Dienste des Kampfes gegen Krankheit und Unwissenheit ist und wie weit das Geleistete hinter den Anstrengungen zurückbleibt, die noch aufgeboten werden müssen, um die in diesen Zahlen zum Ausdruck kommenden Bedürfnisse zu befriedigen.

Die Vereinten Nationen selbst führen ein weitgespanntes Hilfsprogramm durch, das der vielseitigen Aufgabe dient, die sozialen Dienste in der Mehrzahl dieser Länder zu entwickeln, die Planung ländlicher Gemeinwesen zu fördern, die Wohnverhältnisse zu überprüfen und den Verstädterungsprozeß in der ganzen Welt zu verfolgen, damit alle sozialen Aspekte der wirtschaftlichen Modernisierung der Entwicklungsländer voll berücksichtigt werden können. Ich möchte an dieser Stelle auch das bedeutende Hilfswerk der Vereinten Nationen für die Flüchtlinge erwähnen, das in diesem Jahr, dem Weltflüchtlingsjahr, in den Vordergrund der Aufmerksamkeit gerückt ist. Ebensowenig dürfen, wenn vom Sozialprogramm der Vereinten Nationen die Rede ist, die Bemühungen der Organisationen vergessen werden, die darauf gerichtet sind, die Menschheit von der Geißel der Rauschgifte zu befreien.

Die von der Internationalen Arbeitsorganisation im Rahmen der Technischen Hilfe unternommenen Vorhaben sind zwar sozialpolitischen Charakters, stehen aber mit den wirtschaftspolitischen Maßnahmen in engem Zusammenhang. Sie gelten hauptsächlich der Verbesserung der Arbeitsbedingungen und dem Schutz des Arbeitnehmers — durch die Schaffung einer Arbeitsinspektion, durch eine gute Organisation der Arbeitsverwaltungen, durch die Einführung von Systemen der sozialen Sicherheit und von Vorschriften auf dem Gebiet der Unfallverhütung und der Arbeitshygiene — sowie der Hebung der beruflichen Qualifikation der Arbeitnehmer, der Steigerung der Produktivität in der Industrie und in der Landwirtschaft und der Förderung des Genossenschaftswesens und des Kleingewerbes.

Die Vorhaben der Internationalen Arbeitsorganisation, die die Arbeitsmarktverwaltung und die Berufsausbildung der Arbeitnehmer zum Gegenstand haben, stellen rund 60 Prozent ihres Gesamtprogramms für die Technische Hilfe dar. Den wichtigsten Platz nehmen hier die Berufsausbildungsvorhaben ein, mit deren Hilfe wir bestrebt sind, die beruflichen Fertigkeiten der Arbeitnehmer, des gewerblichen Aufsichtspersonals der Techniker und neuerdings auch der Unternehmer und Betriebsleiter zu heben. Weshalb messen wir gerade den Projekten dieser Art eine solche Bedeutung bei?

Wir tun dies aus einem sehr einfachen Grunde. Jedesmal, wenn in einem Entwicklungsland ein Staudamm oder eine Brücke gebaut wird, wenn eine neue Fabrik errichtet wird, wenn ein neues Bergwerk oder ein Ölfeld in Betrieb genommen wird, werden Facharbeiter, Werkmeister, Ingenieure und technische Leiter benötigt, die die zur Ausführung und Leitung dieser Arbeiten erforderlichen Fähigkeiten besitzen. Sind in dem betreffenden Land Fachschulen und technische Lehranstalten vorhanden, so wird die Ausbildung der Fachkräfte von diesen Einrichtungen übernommen. Ein typisches Merkmal dieser Länder ist es aber, daß ihr Bildungswesen den laufenden und erst recht den ständig zunehmenden Anforderungen nicht gewachsen ist. Man muß daher diesem Notstand durch besondere Maßnahmen abhelfen. Dies ist auch der Grund, weshalb die Internationale Arbeitsorganisation in einer ganzen Reihe von Ländern Lehrstätten für beschleunigte Berufsschulung, für die Heranbildung von Aufsichtspersonal, für die Ausbildung spezialisierter Arbeits- und Betriebsführungskräfte ins Leben gerufen hat. Es handelt sich darum, den Menschen dieser Länder diejenigen Fertigkeiten und Kenntnisse zu vermitteln, ohne die keine Industrie funktionieren kann.

Um all diese Vorhaben verwirklichen zu können, ist eine große Anzahl von Sachverständigen und Technikern jeder Art erforderlich. Die Internationale Arbeitsorganisation allein wird im Jahre 1960 im Rahmen des erweiterten Programms für Technische Hilfe 336 Sachverständige beschäftigen. In den 10 Jahren des Bestehens ihres erweiterten Programms hat das Internationale Arbeitsamt die Dienste von rund 2000 Sachverständigen in Anspruch genommen. Im laufenden Jahr werden die Bedürfnisse unseres regulären Programms und des Sonderfonds den Einsatz von 429 Sachverständigen erfordern; und wir sehen für die kommenden Jahre eine immer stärkere Inanspruchnahme hochqualifizierter Experten vor, die zuweilen sogar über außergewöhnliche Kenntnisse verfügen müssen. Im Jahre 1960 werden die Vereinten Nationen und die Sonderorganisationen zusammen im

Rahmen des erweiterten Programms etwa 2500 Sachverständige beschäftigen. Zählt man zu dieser Zahl diejenigen Experten, die an der Durchführung der verschiedenen bilateralen amerikanischen, englischen, französischen, deutschen, sowjetischen und japanischen Programme mitwirken, sowie diejenigen Sachverständigen hinzu, die für zahlreiche regionale Organisationen, wie z. B. den Colombo-Plan, die Ford-Stiftung, tätig sind, so ergibt sich, daß die Entwicklungsländer heute die Hilfe von Zehntausenden von Sachverständigen in Anspruch nehmen, die über die Kenntnisse verfügen, die diese Länder zur Entwicklung ihrer Wirtschaft bedürfen.

Doch beschränkt sich die Technische Hilfe nicht auf die Entsendung von Sachverständigen in die Entwicklungsländer. Sie bedient sich auch der umgekehrten Methode: wir schicken Angehörige der Entwicklungsländer, deren Vorbildung auf dem einen oder anderen technischen Gebiet vervollständigt werden soll, zu Studienaufenthalten in die industriell fortgeschrittenen Länder. So hat das Internationale Arbeitsamt in den zehn Jahren des Bestehens des erweiterten Programms für Technische Hilfe 3650 Stipendiaten, darunter eine große Zahl von Arbeiterpraktikanten, in die Verwaltungen und Betriebe der Industrieländer geschickt.

Endlich werden ständig wachsende Summen zur Beschaffung von Ausrüstungen und Lehrmitteln zur Verfügung gestellt. Im Jahre 1960 allein wird die Internationale Arbeitsorganisation für ihre praktische Tätigkeit, einschließlich des auf dieses Jahr entfallenden Teils der aus dem Sonderfonds finanzierten Vorhaben, Ausrüstungen und Lehrmittel in Höhe von 1 165 000 Dollar beschaffen.

Notwendigkeit gemeinsamer Anstrengungen

Wie hoch man auch die Bedeutung der Tätigkeit der Vereinten Nationen und der Sonderorganisationen auf dem Gebiet der technischen Hilfe und der Wirtschaftshilfe veranschlagen mag, sie stellt doch nur einen kleinen Teil der den Entwicklungsländern gewährten Hilfe dar, die zur Hauptsache in bilateraler Form erfolgt. Diese öffentliche internationale Hilfsaktion bleibt weit hinter den Anstrengungen zurück, die erforderlich sind, wenn den Entwicklungsländern in wirklich fühlbarer Weise geholfen werden soll, ihren Lebensstandard zu heben und den Abstand, der sie von den fortgeschrittenen Ländern trennt, aufzuholen. Im letzten Jahr teilte Herr Paul H o f f m a n n , der Präsident und Direktor des Sonderfonds, mit, daß ein zusätzlicher Betrag von etwa 30 Milliarden Dollar erforderlich sein würde, um das Einkommen von mehr als einer Milliarde Menschen, das sich im Jahre 1957 auf 120 Dollar pro Kopf belief, innerhalb der nächsten zehn Jahre um 2 Prozent jährlich zu erhöhen.

Diese 30 Milliarden Dollar könnten nach Ansicht von Herrn Hoffmann in der folgenden Weise aufgebracht werden:

10 Milliarden durch Erweiterung der Bankkredite und der privaten Investitionen,

10 Milliarden durch die neue Internationale Vereinigung für Entwicklungshilfe und

10 Milliarden durch Erhöhung der derzeitigen Beiträge einzelner Länder und regionaler Organisationen.

Herr Hoffmann bemerkte zu diesen Zahlen: „Eine Erhöhung des Volkseinkommens um 2 Prozent pro Kopf der Bevölkerung mag als ein sehr bescheidenes Ziel erscheinen. Sie würde in der Tat nur eine Erhöhung von 120 auf 150 Dollar pro Kopf der Bevölkerung darstellen. Diese 30 Dollar bedeuten für uns vielleicht nicht viel, aber sie bedeuten für Hunderte von Millionen Menschen Trinkwasser, bessere Gesundheitspflege, Schutz gegen epidemische und endemische Krankheiten, mehr Schulen und die Möglichkeit, lesen und schreiben zu lernen und Kenntnisse zu erwerben."

Die von mir zu Beginn meines Vortrages angeführten Zahlen zeigen, daß die bestehenden Ungleichheiten nicht schwinden, sondern im Gegenteil sich ständig verschärfen. Dies ist sicherlich eines der besorgniserregendsten Zeichen der politischen Entwicklung in der heutigen Welt. Eine Verdoppelung unserer Anstrengungen wird daher zu einem unabweisbaren Gebot. Diese Notwendigkeit scheint übrigens immer mehr erkannt zu werden, denn die Staatsmänner der großen Länder werden nicht müde, in ihren Ländern zu erklären, daß das Problem der Entwicklungsländer unter den Fragen, die sie beschäftigen, an erster Stelle steht.

Ich weiß, daß die deutschen Staatsmänner sich der Größe dieses Problems völlig bewußt sind, und es freut mich, die Beharrlichkeit loben zu können, mit der Herr Professor Dr. Ludwig E r h a r d in vielen seiner großen öffentlichen Reden die Tragweite dieses brennenden Problems unserer Zeit immer wieder hervorhebt.

Aufruf an alle

Wenn die großen Industrieländer sich zusammentun, um die für die Technische Hilfe und die Wirtschaftshilfe an die Entwicklungsländer benötigten Mittel zu erhöhen, so wird dies bedeuten, daß die internationalen Organisationen, wie alle anderen Kreise, die mit der Durchführung dieser Programme betraut werden sollen, eine noch viel größere Zahl von Sachverständigen und ein noch viel größeres Volumen von Ausbildungsmitteln für die Stipendiaten aus den Entwicklungsländern benötigen werden. Es ist also gewiß nicht verfrüht, die Regierungen aufzurufen, schon jetzt alle notwendigen Maßnahmen zu ergreifen, um diesen vervielfachten Anforderungen Rechnung tragen zu können, und vor allem in jeder ihrer Universitäten, ja, in jeder Fakultät und in allen höheren Lehranstalten Freistellen für junge Leute aus den Entwicklungsländern zu schaffen, die bei sich zuhause nicht die Kenntnisse erwerben können, die ihr Land benötigt.

An die industriellen Unternehmer ergeht die Aufforderung, sich bereit zu erklären, einige ihrer besten Techniker für Aufgaben der Technischen Hilfe zu beurlauben, und es ergeht an sie der Ruf, in ihren Unternehmen für junge Betriebsleiter, Ingenieure, Techniker, Werkmeister und Arbeiter aus den Entwicklungsländern Stellen zu schaffen, die es ihnen ermöglichen, sich praktisch auszubilden.

Nicht soll hier auch die Rolle der Gewerkschaften vergessen werden. An sie richte ich die Aufforderung, alles zu tun, um ihren Schwesterorganisationen in den Entwicklungsländern zu helfen, mit Hilfe von Arbeiterfortbildungsprogrammen in beschleunigtem Tempo die Funktionäre und das Verwaltungspersonal heranzubilden, deren sie zur Erfüllung ihrer Aufgaben bedürfen. Ich rufe sie auf, die Gewerkschaften der Entwicklungsländer in der Kunst der Tarifverhandlungen zu unterweisen und sie für alle jene sozialen und wirtschaftlichen Aufgaben vorzubereiten, die schon morgen der Arbeiterbewegung in den Betrieben sowohl auf nationaler wie auch auf internationaler Ebene zufallen werden.

Die Lösung des wichtigsten Problems unseres Jahrhunderts verlangt von den fortgeschrittenen Ländern eine richtige Einschätzung der Realitäten und ihrer eigenen Interessen, unausgesetzte organisatorische Anstrengungen, Einfallsreichtum, Opfer und Freigiebigkeit; denn die künftigen Jahrhunderte werden unsere Zivilisation nach unserem Erfolg oder Mißerfolg auf diesem Gebiet beurteilen.

Die Geschichte der Menschheit bietet zahlreiche Beispiele großer Kulturen, die aber alle eines miteinander hatten: der materielle Wohlstand und die hohen künstlerischen und kulturellen Werte waren jedoch stets den Eliten, den privilegierten Klassen vorbehalten, während die große Masse der Beschäftigten davon ausgeschlossen war. In den vergangenen Zeiten waren Zivilisation und Kultur stets eine Angelegenheit bevorrechtigter Minderheiten. Heute hat sich das Verlangen, daran teilzunehmen, aller Menschen bemächtigt. Alle Menschen nehmen für sich das Recht auf Wohlstand und Komfort, auf Erziehung für ihre Kinder und auf Muße in Anspruch. Die Rechtmäßigkeit des Wunsches der breiten Massen, sich zu einem höheren Lebensniveau zu erheben, findet immer mehr Anerkennung. Unsere Zeitgenossen sind sich in dem Glauben einig, daß die Zivilisation nicht mehr das ausschließliche Vorrecht einiger Privilegierter sein darf, sondern daß sie das gemeinsame Eigentum aller werden muß. Wir, die wir Zeugen des Rückfalls in die Barbarei gewesen sind, die um ein Haar zum Ende einer Gesellschaft geführt hätte, welche die Völker des Westens mühsam in einem Zeitraum von zwanzig Jahrhunderten aufgebaut hatten, wir wollen dieses Erwachen eines neuen Bewußtseins begrüßen, das die Früchte unserer Zivilisation zum rechtmäßigen Eigentum aller Menschen auf Erden erklärt.

Uns fällt die gewaltige Aufgabe zu, eine Milliarde zweihundertfünfzig Millionen Menschen, die heute in hundert Ländern in Elend und Finsternis leben, auf den Weg des Fortschritts und des materiellen Wohlstands, auf den Weg zur höheren Zivilisation zu führen. Ich, für meinen Teil, bin fest davon überzeugt, daß die richtige Einschätzung unseres eigenen Interesses, daß unser Solidaritätsgefühl und daß unser Mut diesem gigantischen Unternehmen gewachsen sein werden.

Wirtschaftshilfe als menschliche Verpflichtung
Von Prof. Dr. Ludwig Erhard,
Bundesminister für Wirtschaft, Bonn

Es mag vielleicht zuerst etwas merkwürdig anmuten, daß ein Wirtschaftsminister, dem nach allgemeiner Auffassung sehr realistische Dinge zu lösen aufgegeben sind, sich in die geistig-seelischen Sphären begibt und von einer menschlichen Verpflichtung spricht. Nachdem ich aber gerade vor kurzer Zeit dieselben Töne habe anklingen lassen, und zwar in bezug auf unsere innerdeutsche gesellschaftliche Fortentwicklung, kann es, glaube ich, nicht überraschen, wenn ich hier anknüpfe. Ich bin der Meinung, ohne daß ich mich etwa in Sentimentalitäten ergehen will, daß auch das Problem einer wirksamen Entwicklungshilfe beim Menschlichen anzusetzen hat; denn sonst sind wir tönend Erz oder eine klingende Schelle. Und ich glaube sogar, es ist höchste Zeit, daß wir das Problem der Entwicklungsländer bzw. Entwicklungshilfe, über das heute zu sprechen fast Mode geworden ist, stärker konkretisieren und daß wir möglichst schnell, und zwar nicht nur auf nationaler, sondern auch auf internationaler Ebene zu konkreteren Vorstellungen gelangen. Daß mir das persönlich besonders am Herzen liegt, habe ich schon mannigfach herausgestellt. Ich bin freilich trotz des Bestrebens nach einer Vermenschlichung unserer Umwelt im engeren und weiteren Bereiche nicht so töricht, zu übersehen, daß mit dem Problem der Entwicklungshilfe eminent politische Fragen angeschnitten sind. Wer wollte das leugnen? Die Tatsache, daß die anderthalb Milliarden Menschen, die sich noch zwischen den Fronten bewegen, einmal auch für politische Systeme Stellung und Partei nehmen werden, ist selbstverständlich von schicksalhafter Bedeutung. Wir sollten nicht darauf vertrauen, daß diese Völker aus ihrer menschlichen oder religiösen Haltung und Gebundenheit sich von vornherein zu den Prinzipien der Demokratie und der Freiheit bekennen werden. Wer diese Länder besucht hat und wer die Völker in ihrer Armut gesehen hat, der wird sehr schnell zu der Überzeugung gelangen, daß die Freiheit, von der wir eine feste Vorstellung haben, sich dort etwas anders darstellt. Es ist fast natürlich, daß bei dem, der hungert und zu verkommen droht, der Sinn für Demokratie nicht besonders hoch entwickelt sein kann. Wem es am Allernotwendigsten gebricht, dem kann praktisch das Bewußtsein einer Staatsbürgerschaft gar nicht lebendig werden.

Zum Konkreteren übergehend, möchte ich jetzt die Frage stellen, warum eigentlich das Problem der Entwicklungsländer gerade in den letzten Jahren so drängend geworden ist. Ich glaube weder, daß man das Problem isolieren kann, noch daß man es einem bestimmten Zeitraum, also etwa den letzten drei oder fünf Jahren, zuordnen kann. Hier liegen längerfristige Entwicklungen vor, die in die Gegenwart mit hineinwirken. Es handelt sich um eine Kumulation von Wandlungen sowohl im Bereich der Entwicklungsländer selbst, als auch in der übrigen Welt und bei uns. Daß sich die Völker näher gerückt sind, ist zunächst eine profane Aussage, aber sie ist doch bedeutsam. Die Menschen aller Rassen sind sich, zumal über die Kontinente hinweg, früher selten begegnet. Heute gehört es zur Selbstverständlichkeit, daß jeder mit jedem spricht, und daß jeder jeden besuchen kann. Ich darf nur an die Zahl der ausländischen Studierenden an den deutschen Universitäten und Hochschulen, der Techniker und Praktikanten in deutschen gewerblichen Unternehmen und an den immer stärker werdenden Reiseverkehr erinnern, um deutlich zu machen, welche Wandlungen sich vollzogen haben. Auch das Gefühl des sich gegenseitig Ergänzen- und Befruchtenmüssens hat wesentlich dazu beigetragen, daß die Völker in engere Tuchfühlung gekommen und sich dessen auch bewußt geworden sind. Dabei ist nicht zu verkennen, daß gerade die Räume, die wir als Entwicklungsländer ansprechen, jetzt mit allen Wirkungen, die damit verbunden sind, in i h r Zeitalter der Aufklärung hineingehen. (Wir brauchen gar nicht stolz darauf zu sein, daß wir dies bereits hinter uns gebracht haben, zumal das noch gar nicht einmal so sicher ist.) Wesentlich dabei sind die Lockerungen sozialer und religiöser Ordnungen, das Aufsprengen des Kastengeistes, der Verlust der Stammesordnungen und schließlich die Überzeugung, daß die Armut kein Schicksal ist, dem sich der einzelne blind und wehrlos ergeben müßte.

Aktives Handeln statt Resignation

An die Stelle der Resignation ist mehr und mehr ein aktives Bewußtsein und eine aktive Haltung getreten. Häufig steht zudem nicht allein das Drängen, die Armut zu überwinden, im Vordergrund, sondern auch das Streben nach politischer Unabhängigkeit. Man braucht nur an die Folgewirkungen zweier Kriege zu denken, um deutlich zu sehen, daß das Aufbegehren der Entwicklungsländer sich nicht in einem luftleeren Raum vollzieht. Es gibt schon Gründe genug, die das Streben nach Unabhängigkeit zu einem berechtigten, mindestens einem verständlichen Anliegen dieser Völker werden läßt. Ob das immer gleichzeitig mit ihrer inneren Konsolidierung, mit einem ökonomischen und sozialen Aufstieg parallel läuft, ist noch sehr die

Frage. Im Gegenteil, man kann durchaus annehmen, daß unter Umständen der Gewinn von Unabhängigkeit mit einem möglichen Verlust von materieller Unterstützung zunächst einmal schwerere Bedingungen schafft. Ich darf darum hier ausdrücklich festhalten, daß z. B. innerhalb der Europäischen Wirtschaftsgemeinschaft in bezug auf die Assoziierten, das heißt in bezug auf die afrikanischen Äquatorialgebiete, die freie Entscheidung keine Loslösung von der EWG bedeutet. Die Länder haben durchaus die Möglichkeit, die politische Selbständigkeit zu fordern und zu erhalten, ohne damit automatisch auf die Hilfe der EWG verzichten zu müssen. Sie bleibt ihnen dadurch uneingeschränkt erhalten.

Die Aufgabe, die sich uns in den Entwicklungsländern stellt, ist nicht einfach zu lösen, um so weniger, als der dauernde Bevölkerungszuwachs, die fortschreitende Hygiene und die Aufklärung auf diesem Gebiet fast alle ökonomischen Erfolge sofort wieder wettmachen. Von einer Besserung der Lage für die Gesamtbevölkerung ist noch kaum etwas zu bemerken. Es handelt sich bisher um kümmerliche Ansätze, obwohl für die Entwicklungshilfe schon viele Milliarden Dollar bereitgestellt wurden. Es ist absolut notwendig, in Zukunft noch höhere Beträge zur Verfügung zu stellen, um bessere Erfolge zu erzielen. Es gibt also eine ganze Reihe von Gründen, warum die Länder und die Völker in Bewegung geraten sind, warum die Erstarrung sich löst, warum man, vielleicht manchmal in einer gewissen Übererregung, glaubt, man müßte jetzt in kürzester Frist alles das nachholen, was die westlichen Industrieländer in über hundertjähriger Arbeit hinter sich gebracht haben. Ich glaube, das sollte man nicht so genau wiegen und wägen. Natürlich gibt es auch hier manche Fehlurteile, es gibt manche Sentiments und manche Ressentiments. Aber, im ganzen genommen, wollen wir einmal davon ausgehen, daß diese Menschen, beseelt und erfüllt sind von der Vorstellung, das Gleiche, was in Europa und in der westlichen Welt geschaffen wurde, bei sich selbst aufzubauen. Praktisch ist damit das Problem angeschnitten, von welcher Qualität und nicht allein von welcher Quantität diese Entwicklungshilfe getragen sein muß.

Die Wandlungen haben sich nicht nur im Raum der Entwicklungsländer, sondern auch in unserem eigenen Lebensbereich vollzogen. Wenn ich weit zurückgreife, möchte ich sagen, daß wir abgekommen sind von dem religiös bestimmten statischen Denken etwa des Mittelalters. Im Zeitalter der Industrialisierung hat das dynamisch materiell betonte Fortschrittsdenken immer stärker die Geister erfüllt, und von jenem bürgerlich-patriarchalischen Denken, mit dem wir zunächst unsere eigenen sozialen Probleme zu lösen versucht haben, ist nichts mehr übrig geblieben. Die Gesinnung, übertragen etwa auf das Verhältnis der Fortschrittsländer und der Entwicklungsländer kann auch nicht mehr anknüpfen an die Kolonialzeit, in der versucht wurde, auftretende Nöte etwa mit caritativer Fürsorge zu bewältigen. Wir sind uns also darüber klar, ohne daß ich damit den Begriff und den Charakter des Caritativen auch nur um ein Jota herabmindern möchte, daß das Problem der Entwicklungsländer sich einer Beeinflussung durch caritative Hilfe entzieht. Dafür spielt das unmittelbar Menschliche eine große Rolle.

Die eigene Bereitschaft steht im Vordergrund

Es kann natürlich sich auch nicht darum handeln, daß jetzt die wohlhabenden Länder zusammen mit den Entwicklungsländern eine allgemeine Aufteilung des Reichtums, eine Umverteilung des Reichtums, nach dem Motto „Was die einen zu viel haben, wird ihnen genommen und den anderen gegeben" vornehmen. Das wäre ein kurzfristiges Vergnügen und würde uns außerstande setzen, wirklich zu helfen, tatsächlich einen positiven Beitrag zu leisten. Und die anderen würde eine solche Regelung nicht auf den rechten Weg bringen. Es würde ihnen nicht möglich sein, sich aus eigener Kraft selbst zu helfen. Dies scheint mir aber notwendig, um gute Lösungen zu erzielen. Denn es kann sich ja nicht darum handeln, daß wir allein tätig werden. Als ob es unsere Sache allein wäre, diesen Menschen zu einem besseren Lebensstandard zu verhelfen! Am Anfang wird also dort die e i g e n e Bereitschaft stehen müssen, die eigene Anstrengung. Was die westliche freie Welt geben kann, wird im wesentlichen den Charakter einer Hilfe zur Selbsthilfe haben müssen. Es bedarf gewissermaßen der Initialzündung, damit diese Länder aus eigener Kraft heraus die Dinge fortentwickeln.

Ich habe viele Entwicklungsländer besucht und habe mir auch immer den Kopf darüber zerbrochen, wie ich es anfangen würde, wenn ich für diese Staaten verantwortlich wäre, wenn ich an der Stelle Nehrus oder eines der maßgebenden Männer in diesen Räumen stände. Ich muß ehrlich sagen, eine Patentlösung ist mir dabei nicht eingefallen. Das Volkseinkommen in diesen Gebieten, wenn man überhaupt davon sprechen und diesen Begriff verwenden darf, ist so außerordentlich gering, daß es kaum zum Leben reicht. Von einer Spartätigkeit in unserem Sinne kann überhaupt keine Rede sein. Wo der Lebensstandard so außerordentlich gering ist, sind natürlich die Mittel und Möglichkeiten der Besteuerung auch völlig unzureichend. Das einzige, was den Staaten zufließt, sind Zölle, Abgaben auf gewisse Einfuhren. Wenn man die Zahlungsbilanzen betrachtet, sieht man freilich, daß auch in dieser Beziehung enge Grenzen gesetzt sind. Oft sind zudem weder das Ausland noch die heimische Wirtschaft bereit, die Produkte dieser Räume aufzunehmen. Je schwankender die Weltmärkte werden, wie wir dies in den letzten Jahren erfahren haben, je mehr man von den natürlichen Stoffen auf die synthetischen Stoffe übergeht, um so unsicherer wird für diese Länder die eigene Lebensgrundlage, die eigentliche materielle, volkswirtschaftliche Basis. Es ist keine Fehlrechnung, wenn man aussagt, daß in den zurückliegenden Jahren der Verlust dieser Entwicklungsländer aus dem Preisverfall ihrer Produkte, insbesondere der der industiellen und landwirtschaftlichen Rohstoffe, größer gewesen ist, als alle Hilfe, die ihnen seitens der westlichen Welt zuteil wurde. Es ist natürlich, daß die erste Überlegung dann dahingeht, ob man etwa den Absatz dieser Rohstoffe stabilisieren oder den Preis binden könne. Die Antwort wird nur lauten können: Nein. Dieses Instrument wird auch nicht wirksam gehandhabt werden können.

Es scheint dann schon sinnvoller zu sein, diese Länder aus den Monokulturen, in denen sie vielfach gefangen sind, herauszulösen. Es sind im allgemeinen immer nur ein oder zwei Agrarprodukte oder vielleicht der eine oder der andere industrielle Rohstoff, die schicksalhaft das Leben dieser Völker bestimmen. Und soviel man auch dazu tun kann und tun muß, um die Landwirtschaft ergiebiger zu machen; ich darf daran erinnern, daß es im wesentlichen landwirtschaftliche Räume sind mit ungeheuren Menschenmengen und daß der Boden angesichts der angewandten Technik und der unzureichenden Kenntnisse und Erfahrungen nicht ausreicht, die Menschen satt zu machen. — Man muß zu erreichen versuchen, daß diese Länder aus ihrer Monokultur herauskommen. Es ist also auf diesem Gebiet noch viel zu tun.

Industrialisierung bedeutet richtungweisende Hilfe

Wenn man etwas weiter in die Zukunft denkt und einmal über das hinausgreift, was zunächst notwendig ist, um den Hunger zu bannen, dann wird man sagen müssen, daß allein die Industrialisierung dieser Länder zu einer wirklich weitgreifenden und richtungweisenden Hilfe werden kann. Damit sind wir wieder — scheinbar vom Ökonomischen — angesprochen, aber ich glaube, es greift doch ins Allgemein-Menschliche über. Wenn wir diesen Ländern die Möglichkeit geben, Industrien aufzubauen, entstehen nämlich auch in großem Umfang außerwirtschaftliche Probleme, da nach gewissen Erfahrungen immer auch die Neigung besteht, nicht das Ökonomisch-Sinnvolle, sondern das Monumentale anzustreben. Wenn da oder dort ein Stahlwerk errichtet wird, so handelt es sich nach der Fertigstellung meist gar nicht mehr um ein Stahlwerk, sondern um ein Nationaldenkmal, weil der Glaube sich an einem Symbol entzünden muß. Es ist gar nicht von der Hand zu weisen, daß auch darin und dahinter ein Wert steckt, obwohl die Methode ganz bestimmt vom Materiellen und vom Menschlichen her gesehen, falsch ist. Industrialisieren? Ja! Das ist meiner Ansicht nach auf lange Sicht der einzige Weg, um die Not zu bannen. Aber — industrialisieren mit Verstand, zumal sich bald eine zweite Frage aufdrängt: Wohin mit den Produkten? Das entscheidende ist die P r o d u k t i o n von K a u f k r a f t. In Indien habe ich sofort festgestellt: Hier muß Kaufkraft produziert werden! Natürlich nicht Kaufkraft durch Inflation, sondern Kaufkraft durch güterwirtschaftliche Leistung. Es kommt gar nicht so sehr darauf an, was produziert wird; denn die Menschen in den Entwicklungsländern können so gut wie alles brauchen. Sie dürsten nach jedem Gebrauchs- und Verbrauchsgegenstand. Das handwerkliche Können, das dort immerhin breit gestreut vorhanden ist, wäre fortzuentwickeln durch bessere Apparaturen, durch besseres Werkzeug. Von der handwerklichen Fertigung überzugehen auf die industrielle Fertigung, das schiene mir der rechte Weg zu sein, der gegangen werden müßte.

Immer wieder begegnet man in den Entwicklungsländern der Vorstellung und dem Verlangen, diesen mühsamen Weg über das Handwerk, über die kleine oder mittlere Industrie zu vermeiden. Warum Handwerk, Klein- und Mittelindustrie, so fragt man, wenn die modernen Apparaturen, die Automation sozusagen, die Mittel liefern, sofort an den Standard der hochentwickelten Industrieländer anzuknüpfen. Dies ist eine ganz ernste Frage, die meiner Ansicht nach schicksalhaft für die Zukunft werden kann.

Notwendige Investitionen in den Entwicklungsländern

Ist es möglich, daß diese Länder und diese Völker sofort auf den Stand unserer Technik springen? Ich glaube nicht. Sie würden damit natürlich auch in die Denkweise hereingezwungen, die für einen hochindustrialisierten Raum charakteristisch ist. Gibt es eine Synthese zwischen uralten Kulturen und Traditionen und dem modernen rationellen Denken? Oder soll man unter Umständen das Althergebrachte total zerstören, wie es z. B. in Rot-China geschieht? Ich möchte annehmen, daß eine allmähliche Versöhnung zwischen den Gebundenheiten der Menschen in ihren Religionen, in ihren Kulturen, in ihren Vorstellungen und die Versöhnung mit dem, was wir ihnen zu bringen bereit und auch verpflichtet sind, der richtige Weg wäre. Ich habe Zweifel, ob die menschliche Seele es verträgt, von heute auf morgen aus der schlimmsten Primitivität sofort in die Automation hineingeworfen zu werden. Sicher, es gibt auch dort begabte Menschen, die lernen können, automatische Anlagen zu bedienen. Aber damit ist ja diesen Ländern nicht geholfen. Ich sagte vorhin, Kaufkraft muß produziert werden. Es nützt nichts, wenn wenige Menschen durch die modernsten technischen Apparaturen gerade beschäftigt sind und vielleicht sogar ein ganz nettes Einkommen daraus ziehen, und die anderen beiseite stehen. Denn ein Lebensstandard ohne Arbeit und eine Verbesserung der Lebenshaltung ohne das Bewußtsein, das alles erarbeitet, das alles gewonnen und errungen werden muß, bleibt zuletzt ohne Wert. Und darum möchte ich unsere deutsche Industrie immer wieder ermuntern, in diesen Entwicklungsländern zu investieren. Und zwar nicht mit Mammutbetrieben, nicht mit allermodernster Technik, etwas weniger tut es auch. Nicht, weil wir diese Menschen geringer achten. Nein, um sie anzuleiten, um ihnen unmittelbar in möglichst vielen Städten, an möglichst vielen Arbeitsplätzen anschaulich eine Vorstellung zu vermitteln, wie sie das Elend überwinden können, ihnen den Wert und den Nutzen ihrer Arbeit für sich selbst und für ihre eigenen Völker erkennen lehren. Daraus wird sich allmählich dann auch ein eigenes Management herauskristallisieren.

Wir stehen somit in diesen Räumen immer wieder vor der Frage, in welcher Form wir die Entwicklungshilfe geben sollen, um unserer Überzeugung und den Wünschen, die an uns herangetragen werden, gerecht zu werden. Von den verschiedenen Arten wird noch die Rede sein, ich möchte zunächst nur die Frage stellen: Soll der Staat das in eigener Regie besorgen? Sollten wir nicht besser die privaten, noch schlummernden Kräfte stärker zu wecken versuchen und ihnen bessere Möglichkeiten zu einer breiteren Betätigung eröffnen? Ein Problem, das nicht zuletzt auch von eminent politischer Bedeutung ist.

Eine zweite nicht weniger bedeutsame Frage wird zum Schluß zu beantworten sein: Wohin wird eigentlich dieser steigende Lebensstandard führen? Können wir es wagen, die Antwort darauf zu geben? Wenn es diesen eineinhalb Milliarden Menschen möglich sein wird, besser zu leben, wenn wir ihnen die moderne Technik vermitteln, wenn daraus auch für sie in zunehmendem Maße so etwas wie Wohlstand fließt, können wir dann die Sicherheit haben, daß sie das, was wir als ideal empfinden, auch von sich aus akzeptieren? Oder sind sie damit noch nicht immun gegen das Aufgehen in kollektivistischen oder totalitären Lebens- und Staatsformen? Ich muß offen sagen, ich habe nicht den Mut, diese Frage eindeutig zu beantworten. Was uns zu gestalten aufgegeben ist, heißt, wenigstens darauf vertrauen, daß doch ein innerer Zusammenhang besteht zwischen dem individuellen Lebensgefühl, dem Bewußtsein größerer Freiheit, dem Wissen um die Möglichkeiten, das Schicksal selbst zu bestimmen, und dem, was dann sich aus den Formen des Zusammenlebens dieser Menschen im staatlichen und gesellschaftlichen Bereich schließlich ergibt. Ich habe einen Gedanken vorher nicht zu Ende geführt, als ich fragte, in welcher

Form, auf welcher Ebene wir in den Entwicklungsräumen industrialisieren sollten. Die Frage können wir hier nicht beantworten. Ich habe meiner Überzeugung schon Ausdruck gegeben, daß ich eine allmähliche und überschaubare Fortentwicklung ohne Brüche — ich meine nicht so sehr die Brüche der technischen Fortentwicklung, sondern die Brüche in der menschlichen Seele und in der Reaktion der Gesellschaft dieser Völker auf das Neue und für sie sicherlich nicht immer verständliche Geschehen — für am zweckmäßigsten halte. Aber dann müssen wir auch bereit sein, die Erzeugnisse dieser Länder aufzunehmen. Zum großen Teil werden sie das mit wachsendem Wohlstand, d. h. je freier und vielfältiger ihre Beschäftigung wird, selbst besorgen können. Aber wenn wir sie aus der Monokultur herausbringen wollen — und das scheint mir überhaupt eine der entscheidendsten Aufgaben zu sein — und ihnen damit eine breitere Palette der Betätigung eröffnen, dann müssen wir auch die Konsequenzen tragen. Natürlich geht es nicht an, daß man einseitig verfährt, daß in den Entwicklungsräumen heute z. B. im wesentlichen nur die Textilindustrie aufgebaut wird. Sicher war es zu allen Zeiten und überall so, daß die Textilbranche die Industrialisierung einleitete, aber heute ist das doch noch etwas anderes. Ich habe in den Entwicklungsländern Textilfabriken gesehen, die durchaus mit unseren modernsten Anlagen wetteifern können. Wenn man die Unterschiede im Lohn usw. in Betracht zieht, dann wächst hier schon ein wesentlicher Wettbewerbszweig heran. Nun bin ich allerdings auch wieder zugleich beruhigt, denn es ist klar: Wenn diesen Ländern der Aufbau gelingt und die innere Konsolidierung und die wirtschaftliche Fortentwicklung, so bringt das zwangsläufig eine Steigerung der sozialen Wohlfahrt mit sich, d. h. das Gefälle zwischen dem Lohneinkommen bei uns und in diesen Räumen wird vielleicht nicht völlig verschwinden — so wie es auch zwischen den Vereinigten Staaten und Europa nicht ganz verschwunden ist —, aber doch geringer werden. Und der Wettbewerb, der heute als ruinös und weiß Gott was empfunden wird, wird dann wahrscheinlich ein anderes Gesicht erhalten. Um nicht mißverstanden zu werden: Es ist nicht so, daß wir den anderen den „Segen der Automation", jetzt mit Fragezeichen und in Anführungszeichen gestellt, vorenthalten wollen. Nur ist es für die Völker selbst besser, erst allmählich mit der Industrialisierung vertraut zu werden, wie wir ja auch selbst erst über manche Stufen, die wir hinter uns gebracht haben, den heutigen Stand der Industrialisierung erreicht haben. Wenn der Aufbau so erfolgen würde, dann stünde uns ein breites Begegnungsfeld zur Verfügung und die Möglichkeiten der Austauschbeziehungen ließen sich sehr viel leichter regeln.

Keine Isolation und Aufteilung in Gruppen

Ähnlich war ja auch mein Anliegen in bezug auf die Europäische Integration in der Europadebatte zu verstehen: Ich meine, wir sollten die Welt nicht in Gruppen aufteilen und auflösen und in sich isolieren wollen. Nicht, als ob dies der Wille oder das Ziel der Europäischen Wirtschaftsgemeinschaft wäre. Aber eine Gefahr ist damit doch verbunden. Auch die Entwicklungshilfe, die wir geben, sollte nicht zu einer Aufteilung der Welt in Interessengebiete und in Einflußsphären führen. Sondern ich möchte, daß hier auf breitester multilateraler Ebene, nach gleichartigen Gesichtspunkten und Richtlinien vorgegangen wird. Eine Aufteilung der Welt nach Entwicklungsländern in Abhängigkeit oder unter Patenschaften zu diesen oder jenen Industrieräumen würde vielleicht manche Reminiszenzen aus der vergangenen Zeit des Kolonialzeitalters auslösen und wäre meiner Ansicht nach nicht geeignet, denn das Menschliche soll ja in den Vordergrund gestellt werden und nicht das Zweckhafte.

Wenn wir es nicht glaubhaft machen können, daß wir unsere Hilfe selbstverständlich mit dem Zweck zur Selbsthilfe für die Beteiligten, aber auch aus einer bestimmten menschlichen Gesinnung und menschlichen Verantwortung geben, dann wird es uns nicht gelingen, das Vertrauen der Völker zu erwerben. Dabei kommt es nicht darauf an, daß wir uns sozusagen schuldig fühlen, weil wir reich und die anderen arm sind — das wäre sogar verkehrt —, sondern daß wir einsehen: Die haben es schwerer, als wir es gehabt haben. Zur Zeit unserer Industrialisierung und zur Zeit unserer technischen Entfaltung gab es für uns keine Beispiele. Wir brauchten niemand nachzurennen, konnten niemand einholen, sondern mußten sozusagen jede Stufe des Fortschritts aus uns selbst heraus entwickeln. Da konnte es keine Neidkomplexe geben, man konnte nicht vergleichen: Wie weit sind die einen und wieweit sind die anderen gekommen und welches ist unsere eigene Postition?

Was es gegeben hat, das war die innere gesellschaftliche Auseinandersetzung, der Klassenkampf, der sich aus der Proletarisierung entwickelte, die mit den Anfängen der Industrialisierung verbunden war. Das war wohl eine schiebende Kraft, aber es war nicht das Drängen, es irgendwem gleichzutun, der es besser gekonnt hatte. Anders im Falle der Entwicklungsländer. Sie sehen das Beispiel der wohlhabenden Industriestaaten und fragen: Warum wir nicht auch? Und wer wollte es ihnen verdenken? Ist es denn gerecht, daß auf der einen Seite die Menschen im Überfluß leben und die anderen nicht satt werden können? Besteht hier nicht eine gemeinsame Verpflichtung? Was bedeuten denn die Begriffe Menschentum und menschliche Verantwortung und Solidarität überhaupt, wenn das möglich

Wirtschaftshilfe als menschliche Verpflichtung

ist? So muß man die Dinge sehen! Nicht, daß wir nun sozusagen zur Kasse treten müßten, um materiell etwas wieder gut zu machen. Wir haben in diesem Sinne nichts wiedergutzumachen. Wohl aber sind wir von dem Standpunkt aus, von dem wir heute die Verhältnisse in der Welt betrachten können, sehr wohl verpflichtet, über das, was bisher geschehen ist, hinaus etwas zu tun. Es ist hoch anzuerkennen und hat uns sicher viele Freunde in der Welt gewinnen lassen und auch Vertrauen erweckt, daß z. B. die Kirchen und jetzt auch die Gewerkschaften ihr Scherflein dazu beigetragen haben, sichtbar, unmittelbar menschlich. Sie haben gezeigt: Jawohl, wir wollen helfen! Aber, so gut es gemeint ist, so sehr es zu begrüßen ist, das ist nicht die Lösung des Problems! Es muß mehr getan werden! Ich sagte vorhin schon, daß wir in diesen Entwicklungsländern investieren sollten. Es wäre meiner Ansicht nach die beste Hilfe, weil wir damit die Menschen in anschaulicher Weise an die Arbeit heranführen und sie aus dieser Arbeit unmittelbaren Nutzen ziehen können.

Was aber geschieht? Die Amerikaner investieren im Gemeinsamen Markt, um nicht, wenn die Zolldifferenzierungen eintreten, diskriminiert zu werden. Sie investieren aus denselben Gründen im EFTA-Raum. Wir haben auch Sorgen, daß sich zwischen EWG und EFTA ein Graben breit macht oder jedenfalls eine unterschiedliche Behandlung Platz greift, die zu Benachteiligungen führt. Also investieren auch wir im EFTA-Raum. Was dem einen recht, ist dem anderen billig. Die EFTA-Länder investieren also wiederum bei uns. Da ist keiner böser und keiner schuldiger als der andere, aber ich will und kann auch keineswegs sagen, daß alle unschuldig sind. Denn das sind keine Investitionen, die primär aus volkswirtschaftlichen Notwendigkeiten oder etwa aus markt- oder absatzwirtschaftlichen Gründen erfolgen. Diese Investitionen dienen dazu, daß man mit drinnen sein will, wenn nach außen andere Bedingungen gesetzt werden. Viel richtiger und unserer Verantwortung gegenüber den Entwicklungsländern gemäßer würde es sein, wenn wir alle unsere Kraft zusammenfügen und in den Entwicklungsräumen investieren würden. Das wäre das richtige Prinzip. Und wir würden damit, nebenbei bemerkt, eine ganze Reihe von anderen Problemen lösen.

Sie wissen, welche Sorgen ich mir mache, daß wir der inneren Konjunktur nicht mehr Herr werden, daß wir sowohl im Lager der Unternehmer wie im Lager der Arbeitnehmer allmählich das Maß verlieren, nicht mehr erkennen, was einer Volkswirtschaft gemäß ist, vergessen oder ignorieren, was sie zu leisten vermag. Gemessen an den dynamischen Kräften unserer Volkswirtschaft ist das, was wir an Arbeit noch zu leisten vermögen, angesichts des Verlangens nach sinkender Arbeitszeit, jedenfalls zu wenig. Wenn wir im Ausland, in den Entwicklungsräumen stärker investieren würden, und ich glaube, dies ließe sich relativ sehr schnell vermitteln, dann würden wir sowohl eine Entlastung der übersteigerten Konjunktur im Inland erfahren und wir würden diesen Menschen helfen. Ferner würden wir einer Tendenz entgegenwirken, nun etwa zu Blockbildungen innerhalb der Welt zu gelangen. Ich würde in einer solchen Entwicklung nur Vorteile sehen und ich hoffe, daß wir rechtzeitig gemeinsam zu solchen Entschlüssen kommen.

Bewußtes Planen

Es ist doch heute schon etwas anders als in den vergangenen Jahren, und ich habe mich persönlich in den Vereinigten Staaten und auf den internationalen Gremien darum bemüht, die Entwicklungshilfen aus der nationalen Isolierung und Vereinzelung und den Zufälligkeiten herauszuführen, und versucht, auf multilateraler Grundlage ein System zu finden. Heute ist es ja so, daß jedes Land von jedem angegangen wird, daß alle diese Entwicklungsländer ihre 5-, 7-, 8- oder 10-Jahrespläne entwickeln und dann nach Finanzierung verlangen. Das erscheint mir nicht richtig. Erstens sind diese Beträge unter gar keinen Umständen aufzubringen und zweitens ist die Frage berechtigt, ob denn die Anwendung dieser Mittel dann auch sinnvoll ist und den Erfolg verbürgt. Wenn wir dagegen eine Stelle schaffen, die eine Unterrichtung zuläßt, wie es eigentlich in den einzelnen Ländern aussieht, wie es mit der Zahlungsbilanz bestellt und wie die politische und wirtschaftliche Situation ist, wie die Verschuldung, die Leistungskraft einzuschätzen ist, wie man zusammenarbeiten kann, ob in Gruppen oder auf breitester internationaler Ebene, um zu helfen, so bedeutet das schon einen Fortschritt. Wenn man die Dinge etwas stärker in den Griff bekommt, und man auch je nach dem Stand und nach dem Ziel die Notwendigkeiten eines Landes klarer zu beurteilen vermag, was etwa an reinen Hilfen, d. h. an verlorenen Zuschüssen gegeben werden muß, wo u. a. Kredite in nationaler Währung angebracht sind, wo mit echten kaufmännischen Krediten zu helfen ist oder wo Infrastrukturvorhaben einer anderen Behandlung bedürfen, dann kann man auch sehr viel sicherer an den eigenen Plan herangehen — den Plan im besten Sinne des Wortes —, einem Lande mit klarer Vorstellung zu helfen. Heute bewegen wir uns im Bereich von Zufälligkeiten und von Geschicklichkeiten. Wer es am besten versteht, bekommt sein Geld. Ich übersehe keinesfalls, daß wir auch ausgenützt werden sollen. Nicht selten weist man mit erhobenem Finger darauf hin, daß der Ostblock auch noch da sei. Das ist nun einmal so in dieser Welt, aber das heißt nicht, daß wir in jedem Falle darauf hereinfallen müssen, daß die Erwähnung des Ostblocks schon ein zwingender Grund wäre, in die Tasche zu greifen. Selbstverständlich wird man mit dem Ostblock zusammen nicht zu einem vollen Arrangement kommen können, was man tun will und was man tun soll. Unsere Ziele werden sicher nicht einheitlich sein. Wenn von östlicher Seite Hilfen gegeben werden, die wirklich für diese in der Entwicklung befindlichen Länder und Völker Hilfen sind, dann soll es mir recht sein. Aber wahrscheinlich können wir mit dem Osten letzten Endes doch nicht konkurrieren. Ich höre den Hinweis immer wieder, daß der Ostblock Kredite für 25 Jahre in weicher Währung zu 2 % und dergleichen mehr anbietet. Ja, wenn ich die Möglichkeit hätte — die ich nicht haben will —, das deutsche Volk auszubeuten und für jedes staatliche Versprechen opfern zu lassen, dann kann man mit solchen Methoden arbeiten, nicht aber als Beauftragter eines freien Volkes, das sein Schicksal selbst bestimmen will.

Gleichwohl, wenn ich gefragt werde, was denn nun zu machen sei, dann sage ich: Wir werden jedenfalls an das Problem wirksam nur dann herankommen, wenn wir sehr viel mehr tun. Und ich stelle wieder die Frage: Stünde es uns nicht besser an, anstatt z. B. die Arbeitszeit noch einmal eine halbe Stunde oder eine Stunde — man nehme mich da nicht zu wörtlich, sondern ich will nur die Idee, die dahinter steckt, aufzeigen —, verkürzen zu wollen, zu arbeiten und den Ertrag diesen Völkern zu geben? Ich spreche damit nicht nur die Arbeitnehmer, sondern alle Schichten unseres Volkes an. Das Störende würde nur sein, daß dieses Vorhaben notwendigerweise die Gestalt einer Steuer annehmen müßte und damit der Schmelz, der Glanz sozusagen dahin wäre. Es wäre sehr zu begrüßen, wenn man die Idee als solche aber einmal durchdenken würde. Ich bin persönlich mehr und mehr zu der Überzeugung gekommen, daß vielleicht das Schlechteste, was das sogenannte Wirtschaftswunder mit sich gebracht hat, eben doch eine gewisse Verödung des materiellen Lebens ist, indem das Volk den Sinn für den Wert des Opfers verloren hat. Ich aber bin der Ansicht, daß das deutsche Volk auf ein Opfer ansprechbar ist, ja, unbewußt hat es vielleicht die Sehnsucht, wieder einmal opfern zu können und opfern zu dürfen, um wieder in das richtige seelisch-geistige Gleichgewicht zu kommen. Man könnte daraus ein abendfüllendes Programm bestreiten, aber das kann heute nicht meine Aufgabe sein. Ich halte es aber für äußerst bedeutsam, daß wir uns über diese Fragen fortdauernd weiter unterhalten, daß wir sie nicht mehr vom Tisch kommen lassen. Vor allen Dingen sollten wir uns nicht in Geistreicheleien auf diesem Gebiet verplempern. Am Schluß triefen wir dann nämlich alle vor Menschenliebe und das Resultat ist gleich Null. Es muß jetzt endlich einmal das Problem vom Sachlichen her angefaßt werden. Dabei ist die Frage: Wie kann man das bewußte Opfer eines Volkes in materielle Hilfe ummünzen, welche Verfahren sind dazu die geeignetsten? Dies ist die aktuelle Frage unserer Zeit. Ich sage noch einmal: Ich möchte glauben, daß die Bereitschaft dazu vorhanden ist, es muß uns nur der Weg einfallen, um die Brücke vom Geistigen zur Materie schlagen zu können.

Arbeitnehmerprobleme und gewerkschaftliche Hilfe in Asien

Von Bernhard Tacke,
stellvertretender Vorsitzender des Deutschen Gewerkschaftsbundes,
Düsseldorf

Ich will mich in meinen Ausführungen auf die beiden Länder Indien und Pakistan beschränken, in denen rund 480 Millionen Menschen = 18 vH der Bevölkerung der Welt und rund 33 vH der Bevölkerung Asiens leben. Beide Länder können, von einigen Ausnahmen abgesehen, z. B. Japan und Malaya, in ihrer wirtschaftlichen und sozialen Lage als typisch für Asien gelten. Es ist auch anzunehmen, daß die Entwicklung in Indien und Pakistan ihre Ausstrahlungen auf die benachbarten Länder haben wird.

Die soziale Frage in Indien und Pakistan, die bis 1947 vereint waren, ist gekennzeichnet dadurch, daß

a) das Jahresdurchschnittseinkommen pro Kopf der Bevölkerung rund DM 250,— beträgt. Das bedeutet, daß es dort Millionen von Menschen gibt, deren Jahreseinkommen unter DM 100,— liegt,

b) der durchschnittliche Tagesverdienst eines Industriearbeiters sich zwischen DM 0,90 und DM 1,70 bewegt,

Beispiele:

Ein qualifizierter Arbeiter am Feuerofen in einem Stahlwerk in Lahore verdient bei 48stündiger Wochenarbeitszeit monatlich brutto DM 110,— bis DM 120,—.

Ein ausgebildeter Weber auf 35 Automaten-Webstühlen verdient in Bombay bei einer Wochenarbeitszeit von 48 Stunden monatlich brutto DM 110,— bis DM 120,—.

Bei den Tata-Benz-Werken (Automobil- und Lokomotivbau) in Jamshedpur beträgt der Spitzenlohn des qualifiziertesten Facharbeiters bei 48stündiger Wochenarbeitszeit brutto DM 250,— monatlich.

Am Warsak-Staudamm am Khyberpaß verdient ein Hilfsarbeiter bei 8stündiger täglicher Arbeitszeit ½ Rupie = DM 0,44 pro Tag.

Die Postarbeiter und Angestellten in Lahore verdienen monatlich brutto DM 45,—.

Ein Juteweber in der größten Jutefabrik der Welt in Ostpakistan verdient bei einer 48stündigen Wochenarbeitszeit im Monat brutto DM 90,— bis DM 100,—.

c) 75 vH der Bevölkerung „auf dem Lande" leben, aber 70 vH davon land- und besitzlos, oder aber, sofern sie Besitz haben, überstark verschuldet sind,

d) rund 85 vH der Bevölkerung nicht lesen und schreiben können,
e) der Zustrom zu den Industriestädten infolge Landflucht und durch wechselseitige Flüchtlingsströme aus beiden Ländern zu einer Übervölkerung geführt hat und noch weiter führt,
f) die Wohnungsnot ein unvorstellbares Ausmaß hat. Im laufenden Fünfjahresplan Indiens ist der Neubau von jährlich 300 000 Wohnungen, das sind 0,15 Wohnungen pro 1000 Einwohner des Landes, vorgesehen,
g) die Zahl der Arbeitssuchenden und unständig Beschäftigten nicht genau erfaßt ist, aber schätzungsweise bei 30 bis 35 Millionen liegen dürfte,
h) die Bevölkerung sich jährlich in beiden Ländern um 1,8 vH = rund 7 Millionen infolge der Geburtenhäufigkeit und höherer Lebenserwartung vermehrt,
i) Indien über 50 vH des Rinderbestandes der Welt verfügt, 70 vH der Kinder heranwachsen, ohne je „einen Fingerhut voll Milch" getrunken zu haben.

Soziale Frage der Arbeitnehmer

Betrachten wir die soziale Frage in diesen Ländern aus der Perspektive der Arbeitnehmer, dann dürfen wir — ohne damit Werturteile abzugeben — feststellen, daß ein großer Teil der Menschen sich seiner sozialen Lage kaum bewußt ist. Das trifft vor allem auf den Teil der Bevölkerung zu, der „auf dem Lande" lebt. Die jahrhundertealte Tradition im Abhängigkeitsverhältnis, in den religiösen Vorstellungen und damit der Weltanschauungen lebt weiter. Der Glaube an die „Gerechtigkeit im Staat" und an die „Richtigkeit der gegebenen Politik" wirkt sich auf das Verhalten der Menschen in der sozialen Expansion aus.

Durch die Schaffung der föderativen Indischen Union und die Aufteilung eines sozialen und wirtschaftlich einheitlichen Gebietes sind weltanschauliche und politische Probleme stark in den Vordergrund gerückt, die wirtschaftlichen und sozialen Probleme jedoch zwangsläufig benachteiligt worden.

Das Aufbegehren gegen das soziale Elend und der Wille zum sozialen Aufstieg sind vor allem in der Industriearbeiterschaft und bei den Arbeitern und Angestellten im öffentlichen Dienst (Verwaltung, Erziehung, Verkehr) in zunehmendem Maße bemerkbar.

Die politischen Parteien versuchen, einen zunehmenden Einfluß auf die Gewerkschaften zu gewinnen. Der Staat selbst nimmt starken Anteil an der sozialen Entwicklung.

Die Gewerkschaften selbst sind in ihrer Tätigkeit und in ihrer Entwicklung durch mancherlei Schwierigkeiten gehemmt. Zunächst unterstehen sie gesetzlichen Bestimmungen, die sich auf ihr öffentliches Verhalten, ihre Mitglieder und Finanzentwicklung beziehen. Andererseits sind ihnen Hoheitsrechte in der Lohn- und Vertragspolitik nur bedingt eingeräumt.

Der gewerkschaftlichen Aktivierung der Arbeitnehmer stehen Schwierigkeiten infolge des Analphabetentums, der Weiträumigkeit der Gebiete, der unzulänglichen Verkehrsverhältnisse und der mangelnden Arbeitsmöglichkeiten der Arbeitnehmer im Wege.

Hinzu kommt, daß ein sehr großer Mangel an entsprechend gebildeten Arbeitnehmern besteht, die eine Gewerkschaftsbewegung aktivieren und den Willen zum sozialen Aufstieg fördern könnten. Es fehlen ferner die notwendigen technischen und verwaltungsmäßigen Einrichtungen, aus denen heraus sich eine erfolgreiche Bewegung entwickeln könnte. Infolge des minimalen Einkommens der beschäftigten Arbeitnehmer ist auch das Beitragsaufkommen in den Gewerkschaften zu gering, um in erforderlichem Ausmaß und Umfang wirksam werden zu können.

Organische Entwicklung erforderlich

Die durch diese Gegebenheiten gekennzeichnete soziale und gewerkschaftliche Lage deutet gleichzeitig die Probleme an, vor denen die Völker Asiens stehen.

Es ergibt sich die Frage:

a) ob in absehbarer Zeit überhaupt ein anzuerkennendes Mindestmaß an sozialem Fortschritt und sozialer Sicherheit erreicht werden kann,

b) wenn ja, welche Maßnahmen ergriffen werden müßten, um dieses Mindestmaß zunächst zu erreichen.

Es ist unschwer zu erkennen, daß in wenigen Jahren die wirtschaftliche und soziale Lage in Asien nicht der der westeuropäischen Staaten angeglichen werden kann. Ganz abgesehen davon, daß dazu ein nicht annähernd richtig zu schätzendes Investitionskapital erforderlich wäre, ergeben sich aus den klimatischen und geographischen Verhältnissen heute noch nicht überschaubare Schwierigkeiten, die kaum in wenigen Jahren zu beseitigen sind. Es ist zweifellos eine organische Entwicklung erforderlich, die zwar stärkstens beeinflußbar, aber kaum auf einen Zeitraum von wenigen Jahren zusammengedrängt werden kann. Es darf nicht übersehen werden, daß die heutigen hochentwickelten Industrieländer für ihre Entwicklung, trotz günstigerer Voraussetzungen, Jahrzehnte gebraucht haben.

Es sind aber auch in Asien Voraussetzungen für eine wirtschaftliche und sozial günstige Entwicklung gegeben. Weite Gebiete haben von dem Klima, der Natur und der Bodenbeschaffenheit her die beste Voraussetzung, entscheidend zur Ernährung der Menschen beizutragen. Bodenschätze sind in reichem Maße vorhanden und der Vorrat an wirtschaftlich nutzbarem Holz ist sehr groß. Dazu kommt ein unvorstellbarer Bedarf an Investitions- und Konsumgütern aller Art. Demgegenüber steht ein kaum zu beschreibender Mangel an Möglichkeiten der Bedarfsdeckung.

Von dem geringen Einkommen der großen Masse der Menschen müssen rund 80 vH für Ernährung ausgegeben werden. Für Wohnung werden rund 6 vH und für Kleidung ebenfalls nur 6 vH des Einkommens ausgegeben.

Die Ausfuhr wird zu Lasten der innerstaatlichen Bedarfsdeckung sehr stark gefördert. Andererseits müssen die Devisen wiederum sehr stark für die Einfuhr von Ernährungsgütern in Anspruch genommen werden.

Nach menschlichem Ermessen müßte in einem absehbaren Zeitraum ein den heutigen Verhältnissen weit überlegenerer Sozial- und Wirtschaftsstatus erreichbar sein. Dazu wäre erforderlich ein zweckentsprechender Einsatz von Investitionsmitteln unter dem Gesichtspunkt der größtmöglichen Wirksamkeit in bezug auf Beschäftigung und Konsumentenkaufkraft, die Erschließung und Vervollkommnung der land- und forstwirtschaftlichen Nutzfläche und eine systematische Sozialbildung der Menschen.

Subsidiäre Charakter gewerkschaftlicher Hilfsmaßnahmen

Bei den gewerkschaftlichen Hilfsmaßnahmen ist — wie überhaupt bei allen Hilfsmaßnahmen — zu unterscheiden zwischen denen der inländischen (asiatischen) und der ausländischen Gewerkschaft. Die Hilfsmaßnahmen können und dürfen immer nur einen subsidiären Charakter haben. Sie dürfen sich in ihren Auswirkungen später nicht als in das hilfesuchende Land übertragene Inlandsmaßnahmen erweisen. Das könnte zu der Auffassung von einem Neo-Kolonialismus führen.

Wir haben es immer als unsere Aufgabe angesehen, entweder in eigener Initiative oder in Verbindung mit dem Internationalen Bund Freier Gewerkschaften (IBFG) den Gewerkschaften in den asiatischen Ländern in Darstellung unserer eigenen gewerkschaftlichen Aufgabe und Arbeit Ratschläge und Fingerzeige für ihre eigene Aufgabe und Arbeit zu geben. Dazu kommt, daß wir unter Vermeidung aller Zeichen einer Bevormundung mit ihnen ständig über mögliche Entwicklungen diskutieren. Dabei zeigte sich vor allem bei den indischen und pakistanischen Gewerkschaften ein besonderes Interesse für die Entwicklung der Mitbestimmung in der Bundesrepublik.

Die Begegnungen mit den asiatischen Gewerkschaften vollziehen sich durch wechselseitige Delegationen und in internationalen Organisationen und Institutionen.

Die Beziehungen und die Pflege der Solidarität werden ständig erweitert und vertieft.

Die Aktionsmöglichkeiten der Gewerkschaften in Asien werden materiell in eigener Initiative und in Verbindung mit dem IBFG im Rahmen der uns gegebenen Möglichkeiten unterstützt.

Die finanzielle Hilfe erfolgte in der Vergangenheit im wesentlichen durch einen vom Deutschen Gewerkschaftsbund sehr stark geförderten Internationalen Solidaritätsfonds. Es werden gezielte Hilfsmaßnahmen getroffen, so u. a. der Bau und die Unterhaltung einer Internatschule in Kalkutta, die Finanzierung besonderer Organisationsmaßnahmen, die Unterstützung bei Notlage und Unglücksfällen, von denen eine größere Zahl von Arbeitnehmern betroffen werden, und die Bereitstellung von Bildungsmitteln und -möglichkeiten.

Alle Hilfs- und Unterstützungsmaßnahmen verfolgen den Zweck, die Eigeninitiative zu wecken und zu fördern.

Wir sind der Meinung, daß die wirtschaftliche Entwicklung entscheidend vorangetrieben wird durch den sozialen Aufstiegswillen der auf Arbeit angewiesenen Menschen. In dieser Auffassung dürften sich gewisse Parallelen mit der Entwicklung der Industrieländer in der freien Welt ergeben. Die soziale Unruhe ist ein beachtlicher Antriebsmotor für die Wirtschaft eines Landes.

Arbeitnehmerprobleme und gewerkschaftliche Hilfe in Afrika

Von Herbert A. Tulatz,
Leiter der Fritz-Tarnow-Schule, Bundesschule Oberursel des DGB

Überblicken wir Umfang und Fülle der vor uns liegenden Aufgaben, so erkennen wir, daß das afrikanische Problem ein europäisches Problem ist. Die sich daraus ergebende Pflicht zur Hilfe aber verlangt das Kennen und Studieren afrikanischer Verhältnisse; denn nur dann wird unsere Hilfe erfolgreich sein können.

Der Anteil der für Lohn oder Gehalt arbeitenden Gruppe an der Gesamtbevölkerung ist in den afrikanischen Entwicklungsländern verhältnismäßig schwach. In Kongo kommen zum Beispiel auf 13 Millionen Einwohner 900 000 männliche Arbeitnehmer, in Nigeria auf 36 Millionen Einwohner nur rund 500 000 männliche und weibliche Arbeitnehmer in Betrieben mit mehr als 10 Beschäftigten. Der Anteil der abhängigen Arbeitnehmer an der gesamten Erwerbsbevölkerung von Nigeria liegt nur zwischen vier und fünf Prozent. Diese Zahlen dokumentieren einen wesentlichen Unterschied zwischen den Entwicklungsländern und den modernen Industriestaaten.

Aber auch in der Zusammensetzung der Arbeitnehmerschaft besteht ein erheblicher Unterschied zwischen den Entwicklungsländern und den Industriestaaten. In den meisten afrikanischen Ländern stehen zahlenmäßig an erster Stelle die Arbeitnehmer der öffentlichen Verwaltungen und der öffentlichen Dienste. Es folgen dann die Wirtschaftsgruppen Handel, Bergbau und Industrie. Auf welcher Stufe dieser Skala die landwirtschaftlichen Arbeitnehmer rangieren, hängt von den Bodengesetzen, dem Vorhandensein weißer Siedler, aber auch davon ab, ob ein Plantagensystem besteht. In Westafrika z. B., wo im Durchschnitt von 8 Männern 6 in der Landwirtschaft beschäftigt sind, gibt es nur in einigen Gebieten, z. B. in Kamerun, eine größere Zahl von Farmarbeitern. Im übrigen Westafrika wird im allgemeinen der Boden gemeinwirtschaftlich durch die Großfamilien genutzt.

Diese Zusammensetzung der Arbeitnehmerschaft beruht auch darauf, daß bisher die Kolonialländer eben vornehmlich der Rohstofferzeugung für die industriellen Mutterländer dienten.

Gegensätzlicher Arbeitsmarkt

Der Arbeitsmarkt in den meisten afrikanischen Entwicklungsländern ist durch ein Paradoxon gekennzeichnet: Infolge der raschen Bevölkerungszunahme und des Mangels an nichtlandwirtschaftlichen Arbeitsgelegenheiten gibt es ein ständiges Überangebot an Arbeitskräften. Andererseits können viele Arbeitsplätze deshalb nicht mit Afrikanern besetzt werden, weil es noch an qualifizierten Arbeitern, Angestellten und Beamten fehlt. In Nigeria z. B., wo ich selbst die Verhältnisse studiert habe, konnten bisher mindestens 25 vH der Arbeitsplätze im öffentlichen Dienst nicht besetzt werden.

Die Entlohnung der Arbeiterschaft ist im allgemeinen gering. Oft besteht eine für uns unvollstellbare Diskrepanz zwischen den Arbeiterlöhnen und den Gehältern in der öffentlichen Verwaltung. Dies ist einfach die Folge davon, daß die Verwaltung in den Kolonialländern ursprünglich auf die Ansprüche und Bedürfnisse der weißen Beamten Rücksicht nehmen mußte. Die Privilegien der weißen Beamten werden heute einfach auch auf die afrikanischen Beamten übertragen. Diese Tatsache hat vielerorts die berechtigte Kritik der Arbeiterschaft herausgefordert.

Der Gesundheitszustand ist in den meisten Entwicklungsländern sehr schlecht und auf den besonderen Schutz der Arbeitskraft wird noch sehr wenig Rücksicht genommen. Ich habe z. B. in einem afrikanischen Lande im Ausstellungs- und Verkaufsraum einer Fabrik acht Klimaanlagen gezählt. In den Werkstätten dagegen konnte ich auch nicht nur einen Ventilator finden. Im allgemeinen fehlt die geregelte Berufsausbildung und deshalb — auch wegen des schlechten Gesundheits- und Ernährungszustandes — ist die Arbeitsproduktivität noch sehr gering. Dennoch müssen zwei Feststellungen getroffen werden: Im Vergleich zu Asien sind die afrikanischen Arbeitnehmer günstiger gestellt und stehen in ihrer eigenen Gesellschaft — zumindest die Arbeiter mit ständiger Beschäftigung — bei weitem nicht auf der untersten Stufe der gesellschaftlichen Wertung.

Wird nicht durch eine massierte Industrialisierung oder mit politischen Maßnahmen eingegriffen, so wird der afrikanische Mensch weiterhin in engster Verbindung mit der Großfamilie und seiner Stammesgemeinschaft weiter leben. Vornehmlich die Familie garantiert dem einzelnen das, was wir unter sozialer Sicherheit verstehen. In allen Wechselfällen des Lebens, bei Krankheit, Tod, bei Verlust des Ehepartners, bei Geburt, Eheschließung usw. spielt die Familie die entscheidende Rolle. Die Schulbildung oder die Ausbildung im Ausland werden z. B. zumeist von der ganzen Familie finanziert. Allerdings hat der Einkommensbezieher auch große Verpflichtungen gegenüber seiner Familie. Man rechnet, daß in Westafrika durchschnittlich zehn Menschen von dem Einkommen einer Person leben müssen.

Auch die enge Stammesgemeinschaft, die in den Städten oft die Rolle unserer Landsmannschaften spielt, hat eine soziale Bedeutung. Der Stammesgenosse ist der „Bruder", dem man zu jeder Zeit Hilfe zu leisten hat. Wer nicht völlig entwurzelt ist, findet immer bei der Familie oder bei den Stammesgenossen einen Rückhalt.

Freilich ist in Afrika ein Entwurzelungsprozeß mit unterschiedlichem Tempo im Gange. Es ist verständlich, daß die entwurzelten Schichten den besten Nährboden für radikale politische Ideologien bilden. Dennoch muß davor gewarnt werden, den afrikanischen Nationalismus und andere radikale afrikanische Bewegungen mit dem Kommunismus gleichzusetzen. Der Kommunismus möchte zwar diese radikalen und nationalistischen Strömungen für sich nutzen, aber die jüngsten Ereignisse in Afrika beweisen jedoch, daß die Vorgänge mit eigenen Maßstäben gemessen und begriffen werden müssen. Gerade die schematische Übertragung europäischer Begriffe hindert uns noch vielfach, die afrikanische Situation im rechten Lichte zu sehen.

Gewerkschaftsbewußte Afrikaner

Seit dem Zweiten Weltkrieg ist der afrikanische Arbeitnehmer gewerkschaftsbewußt geworden. Die afrikanischen Gewerkschaften sind in Verbindung mit der nationalistischen Unabhängigkeitsbewegung entstanden und tragen deshalb einen ausgesprochen politischen Charakter. Soziale Auseinandersetzungen sehen die afrikanischen Gewerkschaften vornehmlich im Lichte des Kampfes von Schwarz gegen Weiß. Bis zur Erreichung der Unabhängigkeit hat diese Auffassung zwar eine gewisse Berechtigung; denn die entscheidenden Positionen in Regierung und Verwaltung wurden bis dahin von Europäern eingenommen und die wichtigsten Unternehmen sind im Besitz von Ausländern. Aber selbst wenn sich das politische Bild ändert, kann man in Afrika oft feststellen, daß die Gewerkschaften die alten Denkschematas beibehalten.

Nun sind aber nicht alle Gewerkschaften in Afrika aus der Opposition gegen die Verwaltung und gegen die Weißen entstanden. Sofern sich nach dem Zweiten Weltkrieg gewerkschaftliche Tendenzen bei den Regierungen der Mutterländer durchsetzten, haben oft Teile der Kolonialverwaltung und die Gewerkschaften der Mutterländer tatkräftige Hilfe beim Aufbau der afrikanischen Gewerkschaften geleistet. Kompliziert ist die Lage jedoch dort, wo es in Afrika Gewerkschaften für weiße Arbeitnehmer gibt.

Die fast überall in Afrika festzustellende Vernachlässigung der Volksbildung — an Intelligenz mangelt es dem Afrikaner nicht —

hemmt nicht nur die politische und soziale Entwicklung der afrikanischen Länder, sondern verlangsamt auch die Konsolidierung einer freien und demokratischen Gewerkschaftsbewegung. Die meisten unabhängigen afrikanischen Gewerkschaften sind organisatorisch schwache Gebilde. Eine ebenfalls bestehende materielle Schwäche hat u. a. zur Folge, daß gute Führungskräfte ständig abwandern. Auch die Übertragung der Regierung von den Beamten auf die Politiker ist ein weiterer Grund dafür. Der Lebenslauf vieler prominenter afrikanischer Politiker beweist, daß die Gewerkschaften oft die erste Schule für ihre öffentliche Tätigkeit waren oder gar der Hebel zur Erlangung der politischen Macht wurden.

Die begrenzten materiellen Möglichkeiten der Gewerkschaften in Afrika hatten auch zur Folge, daß sie viele Aufgaben, vor allem die Bildungsaufgabe, ohne internationale Hilfe noch nicht erfüllen können. Die mangelnden Kontakte infolge der Weite der Länder, die schlechten und teuren Verkehrsverbindungen und das Fehlen einer Gewerkschaftspresse fördern die in jeder jungen Arbeiterbewegung vorhandenen Tendenzen zur Zersplitterung. Abgesehen vom öffentlichen Dienst findet man viele autonome Betriebsgewerkschaften und autonome lokale Gewerkschaften, die den modernen gewerkschaftlichen Anschauungen nicht entsprechen. In den Zentralorganisationen der Gewerkschaften in den afrikanischen Ländern, denen in Anbetracht der vielen kleinen Verbände und Gruppen eine besonders wichtige Aufgabe zufällt, sind ständige Spaltungstendenzen spürbar. Stammes- und Parteipolitik, sowie die internationale Politik sind wiederholt die Ursachen für Auseinandersetzungen in diesen zentralen Organisationen. Außerdem macht sich ein Mangel an finanzieller Unterstützung durch die Mitgliederverbände bemerkbar, die aber selbst Schwierigkeiten haben, das Beitragseinzugswesen zu organisieren, Beitragsgelder ordentlich zu verwalten und ihre Mitglieder zur regelmäßigen Beitragszahlung anzuhalten. Weiterhin wird der Sinn und die Rolle einer zentralen Gewerkschaftsorganisation in Afrika nicht immer klar erkannt und verstanden. Wiederholt greift der Staat weitaus mehr als aufsichtsführendes Organ in das Gewerkschaftsleben ein, als dies den allgemeinen Vorstellungen von einer unabhängigen Gewerkschaftsbewegung entspricht. Aber auch hier muß man die afrikanische Situation mit ihren Maßstäben messen: die jungen afrikanischen Staaten wissen, daß man eine organisierte Arbeitnehmerschaft benötigt, andererseits fürchten sie, daß eine aggressive Gewerkschaftsführung den wirtschaftlichen Aufbauprozeß stören und das so dringend benötigte ausländische Kapital fernhalten könnte.

Zentralorganisationen — Mittelpunkt sozialer Auseinandersetzungen

Gewerkschaftspolitisch jedoch stehen die Zentralorganisationen im Mittelpunkt der gesellschaftlichen Auseinandersetzungen. Der kommunistische Weltgewerkschaftsbund hat seine Taktik geändert. Es geht ihm gegenwärtig nicht darum, Filialen in Afrika zu errichten. Er stellt sich vielmehr neuerdings hinter die separatistischen Bestrebungen eines rein afrikanischen und neutralistischen Gewerkschaftsbundes, der zunächst die Basis für das Auftreten der Gewerkschaften der Ostblockstaaten in Afrika abgeben und schließlich auch das Tor für den Einzug des Kommunismus öffnen sollte.

Trotz der eben gekennzeichneten Schwächen innerhalb der afrikanischen Gewerkschaften spielen diese in ihren Ländern eine sehr große und wichtige Rolle. Sie vertreten neben den Intellektuellen die gebildeten und politisch bewußten Gruppen ihrer Nationen. Ihre Stärke beruht auch darauf, daß sie politisch die gleichen Ziele verfolgen, die die Mehrheit ihres Volkes besitzt. Weiterhin wird ihre Stärke auch dadurch bestimmt, daß sie einen erheblichen Einfluß auf das moderne Wirtschaftsleben Afrikas ausüben. Vor allem aber können sich die afrikanischen Gewerkschaften trotz ihrer organisatorischen Schwäche zumeist auf die spontane Gefolgschaft der Arbeitnehmerschaft verlassen.

Aus meinen bisherigen Ausführungen ging schon hervor, wo die Unterstützung der Gewerkschaften Europas und Amerikas für die afrikanischen Gewerkschaften einsetzen kann. Die freien und demokratischen Gewerkschaften Deutschlands und der ganzen Welt betrachten die afrikanischen Gewerkschaften als ihre natürlichen Verbündeten im Ringen um eine soziale Neuordnung in der ganzen Welt und bei der Durchsetzung eines weltweiten Demokratisierungsprozesses.

Entwicklungshilfe — Ausdruck gewerkschaftlicher Solidarität

Die Gewerkschaften der Industrieländer gehen unbelastet und unvoreingenommen an die Zusammenarbeit mit den afrikanischen Gewerkschaften und betrachten deren Unterstützung nur als eine logische Fortsetzung ihrer traditionellen gewerkschaftlichen Solidarität. Von allen Institutionen, die an der Entwicklungshilfe in Afrika beteiligt sind, fordern die freien Gewerkschaften die besondere Berücksichtigung der Belange ihrer afrikanischen Schwesternorganisationen.

Die Unterstützungsmaßnahmen der deutschen Gewerkschaften für die afrikanischen Arbeitsorganisationen finden im Rahmen und nach Abstimmung mit dem Internationalen Berufssekretariat statt. Die deutschen Gewerkschaften wollen in Afrika weder einen wirtschaftlichen Neokolonialismus fördern, noch eine neuartige westliche Mission betreiben.

Auch die zahlreichen Einzelmaßnahmen der deutschen Gewerkschaften werden nur nach Konsultation mit den afrikanischen Gewerkschaften vorgenommen. Die deutschen Gewerkschaften respektieren die eigenen politischen und organisatorischen Vorstellungen der afrikanischen Gewerkschafter. Vor allem aber will der Deutsche Gewerkschaftsbund nicht einseitige, sondern wechselseitige Beziehungen zu den Gewerkschaften Afrikas herstellen.

Im innergewerkschaftlichen Raum finden gegenwärtig viele Diskussionen über die Art der Unterstützungen, die den afrikanischen Bruderorganisationen zu gewähren sind, statt. Es besteht Übereinstimmung darüber, daß man erst die Eigenart der afrikanischen Gewerkschaften begreifen muß, um wirksame Hilfe leisten zu können. Dann aber darf es nicht nur eine materielle Hilfe sein. Die große Kampagne des Deutschen Gewerkschaftsbundes für die Gewerkschaften in den afrikanischen und asiatischen Entwicklungsländern dient nicht zuletzt dazu, die deutschen Arbeitnehmer auf seine farbigen Kollegen und deren Probleme aufmerksam zu machen. Den Kollegen mit einer anderen Hautfarbe will der Deutsche Gewerkschaftsbund zeigen, daß er ihren politischen, sozialen und wirtschaftlichen Emanzipationskampf rückhaltlos unterstützt und daß er in ihnen gleichberechtigte Partner sieht.

Unternehmerische Initiative und Verantwortung

Von Dr. Ernst-Gerhard Erdmann,
Bundesvereinigung der Deutschen Arbeitgeberverbände, Köln

Wenn bei einer Veranstaltung der Gesellschaft für Sozialen Fortschritt ein Vertreter der Bundesvereinigung der Deutschen Arbeitgeberverbände zu dem Thema der Tagung einen Beitrag leisten soll, so wird erwartet, daß sozialpolitische Probleme den Gegenstand seiner Ausführungen bilden. Das soll auch der Fall sein. Die unmittelbare Verbindung aber, die gerade aus der Sicht der unternehmerischen Wirtschaft zwischen wirtschaftlichen und sozialen Problemen der Entwicklungsländer besteht, zwingt zu dem Hinweis, daß bei allen Maßnahmen wirtschaftliche Überlegungen, und zwar sowohl in den Industrie- als auch in den Empfängerländern im Vordergrund stehen. Das, woran den Entwicklungsländern gelegen ist, ist ja zunächst ihre wirtschaftliche, speziell ihre industrielle Entwicklung. Zu diesem Zwecke nehmen sie, sei es auf Grund allgemeiner Wirtschaftspläne seitens der Regierungen, sei es im Rahmen unmittelbarer privater Kontakte mit der Wirtschaft der Industrieländer, Fühlung. Es ist daher ohne weiteres erklärlich, wenn auch für die Wirtschaft bei allen Überlegungen hinsichtlich von Lieferungen und Investitionen in den Entwicklungsländern wirtschaftliche Überlegungen, und zwar betriebswirtschaftliche Überlegungen, unausweichbar am Anfang der Initiative stehen und stehen müssen. Die Forderung nach einer angemessenen Sicherung für die in den Entwicklungsländern gemachten Investitionen ist nur ein Ausdruck dieser Überlegungen. Die Wirtschaft weiß, daß ihr Beitrag nur mit den ihr gemäßen Mitteln einer privaten Wettbewerbswirtschaft geleistet werden kann. Sie darf und kann daher bei aller Initiative die wirtschaftliche Vertretbarkeit nicht außer Betracht lassen. Auf die Folgerungen, die sich aus dieser Erkenntnis hinsichtlich des Wettbewerbes mit der kommunistischen Wirtschaft in den Entwicklungsländern ergeben, kann ich in diesem Zusammenhang nicht eingehen.

Zusätzliche Industrialisierung

Die Größe des Entwicklungsproblems wird heute allgemein erkannt. Auf seinen Umfang wies bereits Herr Jef Rens in seinem Referat eindringlich hin, indem er auch eine Erklärung des Direktors der United Nations Special Fund und ehemaligen Organisators des Marshall-

Plans, Mr. Paul G. H o f f m a n , zitierte. Dort wird als „bescheidenes aber realistisches Ziel" die Erhöhung des Jahreseinkommens von etwa 100 Entwicklungsländern im kommenden Jahrzehnt um 2 vH genannt. Hierfür sind nach der Auffassung von Mr. Hoffman in den nächsten zehn Jahren etwa 200 Milliarden US-Dollar zusätzlich für Einfuhren in die Entwicklungsländer erforderlich. „Zusätzlich" aber bedeutet, über das Volumen des gegenwärtigen Außenhandels dieser Länder hinausgehen. Von diesen 200 Milliarden Dollar sollen allein 100 Milliarden Dollar für die Beschaffung von Maschinen verwendet werden; eine Zahl, die das Ausmaß der zusätzlichen Industrialisierung dieser Länder während des kommenden Jahrzehntes ahnen läßt.

Überdenkt man diese Größenordnung, so erscheint es bei weltweiter Betrachtung eher in diesem Zusammenhang fast für angebrachter, von einer „Zweiten industriellen Revolution" zu sprechen, als dafür nur die technologischen Veränderungen in den Industrieländern anzusehen.

Es besteht kein Zweifel, daß eine solche „Zweite industrielle Revolution" für die von ihr erfaßten Länder ungeheure soziale und gesellschaftspolitische Probleme mit sich bringen muß. Es handelt sich für diese Länder darum, eine Gesellschaftsstruktur und -ordnung zu schaffen, die einer modernen Industriegesellschaft entspricht. Das Problem wird dadurch verschärft, daß die Entwicklung zu dieser Industriegesellschaft im Gegensatz zu den klassischen Industrieländern in kürzester Zeit gelöst werden soll. Für die weltpolitische Entwicklung ist die Lösung dieses Problems mindestens so wichtig wie die Bewältigung der primären und augenblicklichen Aufgaben der wirtschaftlichen Industrialisierung.

In der Auseinandersetzung zwischen der kommunistischen Ordnung und der freien Gesellschaft sind die vielen Hundert Millionen Menschen in den Entwicklungsländern von außerordentlicher, vielleicht von ausschlaggebender Bedeutung. Hierbei kann es keinem Zweifel unterliegen, daß jede und insbesondere jede unternehmerische Initiative sozialpolitischer Art berücksichtigen muß, daß jede Gesellschaftsordnung nur in der Form lebensfähig und dauerhaft ist, wie sie von den Menschen, die in ihr leben, selbst entwickelt und von ihnen getragen wird. Diese Erkenntnis verringert die Bedeutung der Aufgabe, die allen an der Entwicklung beteiligten Kräften und damit auch der unternehmerischen Wirtschaft gestellt ist, in keiner Weise. Sie ist vielmehr geeignet, dazu beizutragen, die Möglichkeiten, zur Lösung dieser Aufgabe einen Beitrag zu leisten, klarer zu sehen und gleichzeitig die hierbei gesetzten Grenzen zu erkennen.

Notwendige Schlußfolgerungen

Zunächst einmal ist das Problem der beschleunigten industriellen Entwicklung unlösbar gekoppelt mit der Frage der **Ausbildung**, und zwar der Ausbildung im weitesten Sinne. In dem Bestreben, den Entwicklungsländern die notwendigen technischen Fähigkeiten zu vermitteln, treffen sich die internationalen Programme, insbesondere das des Internationalen Arbeitsamtes mit nationalen Plänen und vor allem mit firmeneigenen Bemühungen. Tausende von Praktikanten und Werkstudenten aus den Entwicklungsländern gehen jedes Jahr durch deutsche Betriebe. In vielen Fällen übernimmt ein deutsches Unternehmen, das eine industrielle Anlage in die Entwicklungsländer liefert, gleichzeitig in Deutschland oder in dem Entwicklungsland die Ausbildung des für die Bedienung erforderlichen örtlichen Personals. Die unmittelbare Beziehung zwischen wirtschaftlicher und sozialer Tätigkeit wird auch hierin offenbar. Hierbei haben die Firmen in steigendem Umfange erkannt, daß es nicht genügt, bloß technische Kenntnisse zu vermitteln. Vielmehr ist es von wesentlicher Bedeutung, den Menschen aus den Entwicklungsländern einen Einblick in das allgemeine Leben einer Industriegesellschaft zu vermitteln. Besondere Firmenbetreuer, -kreise und -veranstaltungen bemühen sich, zusammen mit überbetrieblichen Einrichtungen, wie beispielsweise der Carl-Duisberg-Gesellschaft, in diesem Sinne intensiv um die in Deutschland tätigen Praktikanten.

Von mindestens gleichrangiger Bedeutung ist die Ausbildung der deutschen **Ausbilder**, die, sei es in Deutschland, sei es im Entwicklungsland, mit der Ausbildung der zukünftigen Fachkräfte betraut sind. Auch hier kommt es nicht allein darauf an, auf ihrem Fachgebiet hervorragende Könner zur Verfügung zu stellen, sondern darüber hinaus ist es unerläßlich, daß die Ausbilder durch ihre gesamte Persönlichkeit einen Eindruck vom Wesen einer freien Gesellschaft vermitteln. Mit steigenden Erfahrungen wächst auch bei den deutschen Firmen die Zahl der in diesem Sinne qualifizierten Ausbilder, wenngleich kein Zweifel besteht, daß bis zum heutigen Tage ein empfindlicher Mangel an ihnen besteht.

Ungleich größere Bedeutung für die Entwicklung einer nach den Grundsätzen der Freiheit geordneten Industriegesellschaft in den Entwicklungsländern aber ist die Frage der Heranbildung von qualifizierten Persönlichkeiten für die Führung der neu zu bildenden Unternehmungen. Im Rahmen dieses Beitrages muß ich mich wiederum auf den sozialpolitischen Aspekt des Problems beschränken. Es liegt aber auf der Hand, daß die Bildung zahlreicher neuer Industrieanlagen die Entwicklungsländer im Bereich der betrieblichen Personalpolitik vor neue Aufgaben stellt, für deren Bewältigung es nicht selten an entsprechend ausgebildeten Kräften zu fehlen scheint. Die Bedeutung gesunder Verhältnisse in den Beziehungen zwischen Unternehmensleitungen und Arbeitnehmern des Betriebes für den sozialen Frieden ist so augenfällig, daß die Wichtigkeit dieses Problems nicht genug betont werden kann. Auch in den Entwicklungsländern müssen mit der Zeit die ungezählten Arbeitskräfte im Industriealisierungsprozeß zu Mitarbeitern werden. Hierin muß ein Ziel unternehmerischer Sozialpolitik in diesen Ländern gesehen werden. Das starke Interesse, das die Arbeitgeber in zahlreichen Entwicklungsländern den Formen der betrieblichen und überbetrieblichen Beziehungen zwischen Arbeitgebern und Arbeitnehmern in den Industrieländern entgegenbringen, scheint darauf hinzudeuten, daß sie unseren Beitrag bei der Lösung dieser Aufgabe wünschen. Wo dies der Fall ist, ist es eine ureigenste Aufgabe der Arbeitgeberschaft, beratend zur Verfügung zu stehen. Manches geschieht bereits in Erkenntnis der Bedeutung dieser Frage. Immer häufiger werden die Fälle, in denen ausländische Unternehmer bei Besuchen deutscher Firmen einen Einblick in die sozialpolitischen Verhältnisse zu nehmen wünschen. Immer häufiger werden auch Ausbildungsaufenthalte zukünftiger „Industrial Relation Manager" aus Entwicklungsländern in den modernen Industriebetrieben. Die Zahl der Delegationen, die in die Industrieländer und auch nach Deutschland kommen, um die sozialpolitischen Aufgaben einer freiheitlichen Industriegesellschaft an Ort und Stelle kennenzulernen, wächst ständig. Nicht nur die Bundesvereinigung der Deutschen Arbeitgeberverbände mißt der Unterrichtung dieser Delegationen besondere Bedeutung bei, sondern auch die Firmen und sonstigen Stellen, die um die Mitwirkung bei der Durchführung dieser Programme gebeten werden, haben ihre volle Unterstützung bei der umfassenden Unterrichtung der Besucher gewährt, die in ihren Heimatländern in verantwortlichen Stellungen stehen oder stehen werden.

Bedeutung des modernen Unternehmertums

Ein verantwortungsbewußtes modernes, und ich möchte hinzufügen, auf privatwirtschaftlicher Grundlage arbeitendes Unternehmertum ist nach unserer Auffassung ein entscheidender Faktor in einer freiheitlichen Sozialordnung. Seine Bildung bzw. Festigung in den Entwicklungsländern kann nicht von heute auf morgen erfolgen und nur mit den Mitteln vor sich gehen, die für diese Länder angebracht sind.

Das Problem geht über den Rahmen der Sozialpolitik weit hinaus und ist nur mit wirtschaftlichen Maßnahmen zu lösen. Der Beitrag aber, der zur Lösung dieses Problems, auf dessen Wichtigkeit gerade der Herr Bundeswirtschaftsminister eindringlich hingewiesen hat, von der unternehmerischen Sozialpolitik geleistet werden kann, sollte nicht unterschätzt werden.

Abschließend muß ich noch einen anderen Bereich internationaler Arbeitgeberverantwortung erwähnen: Die Internationale Arbeitsorganisation in Genf. In ihr wirken neben den Vertretern der Regierungen die Vertreter der Arbeitnehmer und der Arbeitgeber der Mitgliedsstaaten gleichberechtigt und unabhängig mit. Ein berufener Vertreter des Internationalen Arbeitsamtes, Herr Jef Rens, hat bereits über die bedeutsame internationale Leistung gesprochen, welche die Internationale Arbeitsorganisation im Rahmen des Programmes der Technischen Hilfe der Vereinten Nationen zu erbringen hat. Es ist dies eine große und verantwortungsvolle Aufgabe der Organisation, über deren Bedeutung sich alle Gruppen, Regierungen, Gewerkschaften und Arbeitgeber einig sind.

Die Internationale Arbeitsorganisation ist aber in ihren beschließenden Organen und Gremien auch ein Forum, vor dem die Auseinandersetzung um die Grundlagen der sozialen Ordnung zwischen Kommunismus und freier Welt erfolgt. Ihr gehören nicht nur die Industriestaaten der westlichen Welt und die Entwicklungsländer an, sondern seit dem Jahre 1954 auch alle kommunistisch regierten Staaten. Die Vertreter der Entwicklungsländer haben den Wunsch, für die Gestaltung der sozialpolitischen Verhältnisse ihrer Länder aus den Verhandlungen der Internationalen Arbeitsorganisation Erkenntnisse zu gewinnen. Damit ist die Bedeutung des Beitrages der Arbeitgebervertreter zu den Verhandlungen gekennzeichnet. Die kommunistischen Delegationen lassen keine Gelegenheit vorübergehen, die „Segnungen" ihrer Gesellschaftsordnung darzutun. Der freien Welt und hierbei nicht zuletzt den Vertretern der freien Arbeitgeber ist die Aufgabe gestellt, dem entgegenzuwirken.

In der Erkenntnis der Verantwortung, die sie für eine freie soziale Ordnung tragen, und der Unvereinbarkeit der Ordnungsprinzipien zwischen freier und kommunistischer Gesellschaft, haben die Arbeitgeber aus der gesamten nichtkommunistischen Welt, einschließlich der Delegierten aus den Entwicklungsländern, bis zum heutigen Tage jede ideologische und organisatorische Gemeinsamkeit in der Internationalen Arbeitsorganisation mit den „Arbeitgebervertretern" der kommunistischen Staaten abgelehnt. Sie haben hiermit zum Ausdruck gebracht, daß in der geistigen Auseinandersetzung zwischen Ost und West um die Gestaltung des sozialen Lebens eine ideologische Koexistenz nicht möglich ist.

Eine jede freie Gesellschaft muß die ihr gemäßen Formen des Zusammenlebens entwickeln, wobei ein gegenseitiger Austausch fruchtbar und fördernd sein kann. Freie Gesellschaftsordnungen können und werden in ihren Eigenarten in vielfacher Weise voneinander abweichen. Eines aber müssen sie immer gemeinsam haben: Die F r e i h e i t ! In diesem Sinne einen Beitrag zur Entwicklung zu leisten, scheint mir als wesentlichste Aufgabe sozialpolitischer unternehmerischer Verantwortung und Initiative gegenüber den Entwicklungsländern.

Die Berücksichtigung der soziologischen Fakten bei der Förderungshilfe

Von Dr. Franz Kollmannsperger, Saarbrücken

Während fünf Forschungsreisen, die ich seit 1951 in Afrika unternommen habe, habe ich jede Gelegenheit benutzt, um die Märkte in Schwarzafrika etwa in Fort Lamy, Fada, Abéché, Geneina, El Fasher, Khartoum und Kano zu besuchen. Auf den Märkten konzentriert sich das Leben. Hier gewinnt man am schnellsten einen Einblick in die Lebensauffassungen und in die Mentalität der Afrikaner.

Da sitzen in langer Reihe Frauen, die Gemüse anbieten. Die eine hat vor sich eine Strohmatte und darauf 3 oder 4 kg der kleinen, roten afrikanischen Tomaten ausgebreitet. Vor einer anderen steht eine Kalebasse mit ein paar Bündeln Salat. Eine dritte Frau bietet auf einem Emailleteller ein Dutzend Eier an. In einer zweiten Reihe haben die hockenden Frauen in Kalebassenflaschen und -krügen einige Liter Milch, etwas Butteröl oder selbstgemachten Käse ausgebreitet. Mütter halten ihre schlafenden Kleinkinder im Schoß oder stillen sie, während sie mit den Nachbarinnen plaudern oder mit einem Käufer verhandeln. Die Frauen hocken, oft ohne Schutz gegen die Sonnenstrahlen, auf der Erde und warten geduldig auf einen Käufer. Die meisten kommen aus weit abgelegenen Dörfern und sind viele Stunden zu Fuß gewandert und müssen am Nachmittag ebenso weit wieder zurückgehen. Vom Standpunkt der Wirtschaftlichkeit lohnt sich bei dem geringen Angebot die aufgewandte Zeit und Mühe nicht. Doch es ist falsch, diese afrikanische Welt mit europäischen Maßstäben zu beurteilen. Die eingeborenen Frauen, die aus der Geschichts- und Ereignislosigkeit ihrer Dörfer und ihrer Familien zum Markt kommen, wollen für einen Tag aus dem Einerlei des Alltags herausgehoben sein. Der Verkauf ist wichtig, aber nicht die Hauptsache.

Man muß diese Frauen sehen, wie sie nebeneinander hocken, miteinander reden und ihre Umwelt beobachten und in sich aufnehmen. Bei einheitlicher Frisur, bei einheitlicher Kleidung und der gleichen Hautfarbe ist wenig Raum für Individualität gegeben. Hier denkt, fühlt, handelt man noch völlig gleich in uralten überlieferten Formen.

Als ein Europäer von einem Kameruner Holzschnitzer dieselbe Skulptur in zwölffacher Ausführung bestellte, verlangte der eingeborene Handwerker einen bedeutend höheren Preis, weil ihm zwölfmal die gleiche Arbeit keine Freude mache. Der Eingeborene schafft noch aus reinem Gestaltungstrieb. Er möchte den Dingen sein Gesicht geben. So entsteht unter seinen Händen etwas Neues. Unter hundert bemalten Kalebassen, die so schön sind, daß sie in jedem europäischen Haushalt ein Zierstück wären, und dennoch nur 0,20 bis 0,30 DM kosten, fand ich nicht einmal ein Duplikat. Natürlich könnte man die Arbeit des Brandmalens und des Färbens mechanisieren und eine Serie herstellen und dann mehr Kalebassen erzeugen und mehr Geld verdienen. Dann aber macht das Arbeiten jenen Menschen keine Freude mehr.

Beginn der Geldwirtschaft

In diesen glücklichen Bereich ohne höhere Individualität und ohne unseren Begriff der „Zeit" bricht jetzt die europäische Geldwirtschaft ein. Niemand von diesen Menschen weiß, was das bedeutet. Ihre Wünsche reichen noch nicht weiter als bis zum Erwerb eines Fahrrades, eines europäischen Kleidungsstückes, nach reichlichem Essen, Zigaretten und Alkohol. Mir wurde auf den afrikanischen Märkten die zwiespältige Situation klar, in der sich das ursprüngliche Afrika augenblicklich befindet.

Die neue wirtschaftliche Entwicklung bedeutet Gewährung von Krediten, schafft technische Großbauten wie Staudämme, riesige Neulandflächen für Monokulturen, schafft Fabriken, Krankenhäuser, Universitäten, Schulen und bedeutet unwiderruflich die universelle Einbeziehung in das System der internationalen Geldwirtschaft. Aus diesem System kann sich kein Volk auf die Dauer heraushalten. Damit aber ist automatisch eine Entwicklung eingeleitet, deren Folgen wir nicht übersehen. Ursprüngliche Völker, gesund, arbeitsfähig und willig, die sich kaum über die Naturalwirtschaft hinaus entwickelt haben, sollen in kürzester Zeit in das komplizierte System der modernen Geldwirtschaft mit internationalen Beziehungen, Verflechtungen und Abhängigkeiten einbezogen werden. Das ist ein Sprung über viele Jahrhunderte hinweg, für den es ein ähnliches Beispiel in der Geschichte nicht gibt. Die Erde ist heute eine zusammenhängende Einheit geworden. Die technischen Erfindungen haben die Kontinente einander näher gerückt. Der Preis für Baumwolle in den USA, eine Hungersnot in Indien und eine Weizenrekordernte in einem der Großanbaugebiete der Erde beeinflussen die Marktlage in allen Ländern der Erde. Afrika kann nicht länger mehr ein abgelegener Kontinent bleiben, dessen Bevölkerung im Busch noch in der Steinzeit verharrt. Die Einbeziehung Afrikas in die Geldwirtschaft schafft ein neues Bewußtsein und wird ein neues Weltgefühl zur Folge haben.

Wandlungen der Menschheit

Die „Entwicklung der Entwicklungsfähigen" ist ein totales Problem, das heißt, es wird jeder Bereich des menschlichen Lebens erfaßt und umgestaltet. Um das Problem in seiner ganzen Weite zu erkennen, ist es notwendig, den Verlauf der menschlichen Entwicklungsgeschichte zu betrachten. Jahrtausende hindurch war der Mensch „Jäger und Sammler". Er kannte während dieser, die ganze Eiszeit andauernden Periode keine höheren sozialen Bindungen als Sippen- und Familienhorden. Der Mensch war der Natur völlig eingegliedert.

Beim Übergang zur zweiten Periode, die von der Jungsteinzeit bis zum 20. Jahrhundert dauerte, erfolgte die größte Revolution, die wir überhaupt kennen. Der Mensch war Bauer geworden. Er hatte gelernt, Tiere zu zähmen, Pflanzen zu züchten, eine Vorratswirtschaft zu treiben, Häuser zu bauen, sich mit Textilien zu bekleiden und war vom Wechsel der Jahreszeiten unabhängig geworden. Dörfer entstanden, die sich zu Städten ausweiteten. Die Entwicklung endete mit der Gründung der Riesenstaaten des Englischen Empire und des Russischen Reiches. Bauern und Nomaden vernichteten das Waldband, das zuvor drei Viertel der Erdoberfläche bedeckt hatte, bis auf jene Reste, die heute übriggeblieben sind. Der Mensch wurde, da er die Gesetze der Natur nicht kannte, zum Zerstörer. Verarmte Steppen und Wälder, durch Erosion und Auswehung verdorbene Felder, unfruchtbare Böden, eine katastrophale Zunahme der Austrocknung und die Ausdehnung der Wüsten sind das erschütternde Ergebnis dieser jahrtausendelangen Tätigkeit der Hack- und Pflugbauern und der Nomaden in aller Welt.

In der dritten Periode, die mit den beiden letzten Weltkriegen eingeleitet wurde und sich zunächst durch einen totalen Struktur- und Wertwandel auf allen Gebieten unseres Lebens bemerkbar macht, wird der Mensch Ingenieur. Die Prophezeiung Descartes', der Mensch werde eines Tages „maître et possesseur de la nature" hat sich bewahrheitet. Er kennt nicht nur die Naturgesetze, er kann sie jetzt beliebig an jeder Stelle und zu jeder Zeit anwenden. Er ist auch der Natur gegenüber Konstrukteur geworden und kann das in allen Kontinenten gestörte biologische Gleichgewicht wieder herstellen, der Wüste Einhalt gebieten und Pflanzenbau und Viehzucht ohne Störung des Bodens in Großbetrieben durchführen und die Wälder und Steppen wieder regenerieren lassen. In allen „Ingenieurländern" herrscht ein allgemeiner Wohlstand, wie er bisher auf der Erde in solcher Gleichmäßigkeit unbekannt war. Der weiteren Erhöhung des Lebensstandards sind zunächst noch keine Grenzen gesetzt.

Die Menschen der verschiedenen Kulturperioden, die zugleich Kulturstufen sind, unterscheiden sich voneinander durch eine jeweils größere Bewußtseinsbreite.

Entwicklung auf lange Zeit

Es ist nicht möglich, Menschen von einer Stufe auf die andere zu heben, ohne zugleich auch ihr Bewußtsein zu weiten, ihnen ein anderes Lebensgefühl, eine andere Aktivität zu geben. Das Problem der Entwicklungsländer ist eine nur in Generationen lösbare Aufgabe, weil die Völker in diesen Ländern in ihrer geistigen, technischen, wirtschaftlichen und sozialen Struktur zum großen Teil noch auf der jungsteinzeitlichen Stufe primitiver Bauern verharren, zumindest aber keinen Anstoß zur konstruktiven Tendenz der Ingenieurzeit zeigen. Das Entwicklungsproblem ist ein Problem auf lange Zeit.

Zu hohem Lebensstandard, zur modernen Geld- und Industriewirtschaft der weißen Völker gehören auch ihre geistigen Werte. Kultur und Zivilisation gehören untrennbar zusammen. Die unterentwickelten Völker streben vorwiegend nach den zivilisatorischen, den materiellen Werten unserer Entwicklungsstufe. Die Gefahr des Einbruchs materialistischer Vorstellungen ins tägliche Leben, in die Wertung und in die Lebensaufgaben und -ziele ist bei allen primitiven Völkern groß. Die Folge ihres einseitigen Strebens nach den materiellen Güter ist eine Labilität für kommunistische Ideen.

Aus der Behauptung, die Naturwissenschaft habe die Technik geschaffen, leitet man die Überzeugung ab, man müsse zunächst in den entwicklungsfähigen Ländern Schulen gründen, um der Wissenschaft eine Einzugsmöglichkeit zu geben. Dann entwickele sich alles von selbst. Schulen seien Voraussetzungen für jeden Entwicklungsbeginn. In dieser Simplifizierung werden die reziproken Beziehungen nicht erkannt. Das heißt, die Technik und die Wirtschaft ermöglichen erst eine breite Schulbildung und eine intensive Forschung, die ihrerseits Technik und Wirtschaft zu immer größerem Raumgewinn verhelfen. Mit Schulen allein, von der Missionsschule angefangen bis zur Universität und zur Technischen Hochschule, ist den unterentwickelten Völkern nicht geholfen. Es gibt zudem keine Schulen, die das Wissen über eine Entwicklung von der Steinzeit bis zur modernen Geldwirtschaft vermitteln können. Es ist gefährlich, die so übermittelte europäische Wissenschaft, die ja nur einen Teil des europäischen Wesens ausmacht, auf die Afrikaner zu übertragen, wenn dem nicht das eigenständig Afrikanische zur Seite steht. In Europa haben Hellenismus und Christentum ein Menschenbild geschaffen, auf das die naturwissenschaftlich-technische Bildung aufbaut. Ich habe an den Schulen im selbständigen Afrika das geistige afrikanische Gegengewicht zur bedenkenlos nachgeahmten europäischen Zivilisation nicht gefunden. Auch wenn der Unterricht von eingeborenen Lehrern erteilt wird, ist er einseitig auf Europa orientiert. Jede Lebensäußerung, das ursprüngliche Denken, Fühlen und Wollen vollzieht sich in Abhängigkeit vom Erbgut und von der Umwelt. Zu wenig wird von den Europäern berücksichtigt[1], „daß ein Volk nicht Träger einer Kultur werden kann, die seinem Erbgut nicht entspricht".

Heute liegt die Erziehung der jungen Afrikaner großenteils in den Händen der Eingeborenen. Es gibt aber noch kein Schulsystem, das dem afrikanischen Wesen entspricht. Immer noch wird die Jugend nach europäischem Muster erzogen. Es wird aber keineswegs die breite Masse der Jugend erfaßt, sondern nur einzelne Jugendliche. Durch Ausschaltung der Nichtgeeigneten entsteht eine Schule, die gar nicht im afrikanischen Anlagen-Bereich ausliest. Eine unvermeidliche Überschätzung der technisch-materiellen Seite des menschlichen Daseins muß die Folge sein und damit eine Unterbewertung des Geistigen überhaupt. Es besteht die große Gefahr, daß das „Humanum" des ursprünglichen Afrikaners bei der Berührung mit der europäischen Zivilisation leidet. Die selbständigen Staaten Afrikas betonen ihre Unabhängigkeit. Doch sie müssen bei der Erziehung dafür sorgen, daß die innere Unabhängigkeit der Jugend bewahrt bleibt.

Einfluß des Monotheismus

In großen Teilen Afrikas ist das Land Kollektivbesitz. Der afrikanische Bauer, aber auch der afrikanische Nomade ist im Innern des Landes nicht Besitzer des Landes, das er nutzt. Es gehört der Dorfgemeinschaft oder dem Stamme. Menschen aus dieser Vorstellungswelt ist das maschinenbearbeitete kommunistische Landwirtschaftskollektiv nicht unerwünscht. Es bedeutet für sie in jedem Falle eine Verbesserung. Die Moral der Völker in den Entwicklungsländern ist eine völlig andere als die der weißen europäschen Völker. Sie kann in Afrika zum Beispiel nur verstanden werden über die Beziehungen zur Familie und zur Gemeinschaft. Sie bewegt sich um das allgemeine Zentrum der Gemeinschaft. Der Weg zur kommunistischen Auffassung, bei der der Staat den Zentralpunkt für jede Ethik und Moral einnimmt, ist beim Einbruch vorwiegend materieller Lebenswerte durchaus möglich. Die weißen Völker haben während ihrer Kolonialperiode den Polytheismus fast aller farbigen Völker erschüttert. Den autochthonen Polytheismus durch den höher stehenden Monotheismus zu ersetzen, war sehr oft nicht möglich; denn der Monotheismus setzt

---

[1] Prof. Bernatzik, Große Völkerkunde, Innsbruck 1947.

Erkenntnisse und eine Bewußtseinsbreite voraus, die bei sehr vielen nicht vorhanden sind. Die Folge dieser weltweiten Entwicklung ist ein Glaubensverfall auf der ganzen Erde.

Die materialistisch-atheistische Lehre des Kommunismus stammt aus der europäischen Philosophie. Wenn die stürmische, vielfach revolutionäre Entwicklung in den unterentwickelten Ländern sich hauptsächlich nach den rein materiellen Werten der weißen Völker ausrichtet, dann wird jenen Völkern der Kommunismus bald nicht so fremd bleiben, wie man im allgemeinen in Westeuropa annimmt.

Armut, kein unabänderliches Schicksal

Übersehen wir nicht, daß man bei dem allgemeinen Glaubensverfall in den Entwicklungsländern nicht länger mehr die Armut als ein unabänderliches Schicksal wie Krankheit oder Tod hinnehmen will. Die UNESCO hat uns vor einigen Jahren mit der erschütternden Feststellung überrascht, daß von den 2,8 Milliarden Menschen, die zur Zeit auf der Erde leben, sich fast die Hälfte in einem permanenten Hungerzustand befindet. Josué de Castro, der langjährige Präsident der FAO, einer Organisation der UNO für die Welternährung, hat in seinem, schon im Titel bezeichnenden Buche „Geopolitique de la Faim" ein erschütterndes Zahlenmaterial über den Hunger und die Not in aller Welt vorgelegt. Wen wundert es, daß heute die farbigen Völker einen sozialen Ausgleich fordern. Überall spürt man die Tendenz zur revolutionären Lösung des ungeheuerlichen Gegensatzes zwischen den reichen und den armen, zwischen den entwickelten und den unterentwickelten Völkern. Kürzlich behauptete der französische Schriftsteller und Philosoph Jean Paul Sartre, daß die Dichtkunst der Neger in französicher Sprache die revolutionärste sei, die es auf der ganzen Erde gäbe. — Immer noch herrscht die Lehre des Karma in Indien, ein Glauben, der den Ablauf des Lebens als die Folge der Verdienste in den vorangegangenen Leben erklärt. Karma und soziale Forderungen und revolutionäre Tendenzen widersprechen sich. Dennoch gibt es in Indien starke kommunistische Bauern- und Arbeitergruppen. Alles kommt jetzt in Bewegung. Die alten Traditionen und die starren religiösen Vorstellungen sind nicht mehr beständig.

Wachstum der Weltbevölkerung

Im vergangenen Jahre hat die UNESCO die Welt alarmiert mit der Behauptung, daß sich die Menschheit innerhalb der nächsten 35 Jahre verdopple. Das Wachstum der Weltbevölkerung hat eine besorgniserregende Beschleunigung angenommen. Dabei sind jetzt schon 65 vH der Inder nicht ausreichend ernährt. Die an permanenter Unterernährung leidenden Chinesen haben einen jährlichen Bevölkerungszuwachs von etwa 10 Millionen Menschen. Sogar das kleine Ägypten muß Jahr für Jahr nahezu eine halbe Million mehr Menschen ernähren. Die Bevölkerung Algeriens hat sich seit der Besitznahme des Landes durch die Franzosen verachtfacht. Dieses schnelle Ansteigen der Bevölkerungszahlen gerade bei den unterentwickelten Völkern ist eines der brennendsten Probleme im Komplex der Förderungshilfe geworden. Darauf wurde ja bereits auch in den anderen Referaten dieser Tagung eindringlich hingewiesen.

Entwicklungsländer sind Agrarländer

Vor welcher ungeheuerlich schwierigen und langwierigen Aufgabe man bei der Förderungshilfe steht, mag das Beispiel der Verbesserung der landwirtschaftlichen Erträge veranschaulichen. Alle Entwicklungsländer sind Agrarländer. Die Nahrungsmittelerzeugung ist nach den neuesten Erkenntnissen nicht abhängig von der Größe der Anbaufläche und dem Ausmaß der Bodenzerstörung, sondern von der Produktionsfähigkeit der städtischen Industrien, deren hohe Kaufkraft dem Bauern die Mittel zur Verfügung stellt, fruchtbare Böden und große Ernten zu schaffen. Wichtiger als die biologische Leistung einer Anbaufläche oder einer Viehherde ist die Rentabilität des landwirtschaftlichen Betriebes. Sie läßt sich errechnen mit der Formel

$$R = \frac{Wi \times \text{Aufwand}}{Bi}$$

Das Bi im Zähler ist die maximale biologische Potenz, das Wi im Nenner ist der Komplex des ökologischen Widerstands. Er setzt sich zusammen aus den Faktoren: Klima, Boden, Düngung, Anbaumethoden, Parasitenbefall, Krankheiten, Sozialstruktur der Bauern, Bevölkerungsdichte, also Sozialdruck auf die Nährfläche, Regierungssystem, Lebensstandard, Aktivität der Bauern. Auch die Rassezugehörigkeit spielt dabei eine Rolle und anderes mehr.

Die biologisch-agronomischen Komponeten des Bi im Zähler der Formel können durch die europäische Wissenschaft und Technik sehr bald im Sinne einer Leistungssteigerung verbessert werden. Auch der Aufwand läßt sich verhältnismäßig schnell durch Schulung und Einführung von Maschinen verringern, so daß schon durch diese beiden Methoden eine Vergrößerung des Zähler- und eine Verringerung des Nennerwertes entsteht, was eine Rentabilitätssteigerung zur Folge haben muß. Die notwendige weitere Leistungs- und Rentabilitätssteigerung liegt auf dem Gebiet der sozialen und soziologischen Faktoren. Sie sind nur langsam zu verändern. Es gilt aber für den ganzen Faktorenkomplex, daß eine Bewußtseinserweiterung, ein Denken in neuen Kategorien und eine andere Aktivität Voraussetzungen für die

Übernahme europäischer Methoden sind. Eine Steigerung der Leistung und der Rentabilität der Agrarflächen und der tierischen Produktion kann in den Entwicklungsländern nur auf lange Sicht bewältigt werden und ist trotz des wissenschaftlich-technischen Charakters doch vorwiegend ein sozial-soziologisches Problem.

Übersehen wir noch einmal den vorgetragenen Fragenkomplex, so erkennen wir, daß sich drei voneinander unabhängige, aber vielfach miteinander verbundene Entwicklungen gleichzeitig beim Übergang zur Geldwirtschaft vollziehen:

1. Es setzt eine ungeheuerliche Erweiterung des Bewußtseins ein. Von unten nach oben beginnt ein noch nie zuvor erlebtes Bewußtwerden weltweiter Zusammenhänge auf allen Gebieten des menschlichen Daseins. Das lockere Gefüge der afrikanischen Stämme, die bisher isoliert ihr Eigenleben führten, gliedert sich jetzt in neue Völker und Staaten ein. Es entwickelt sich überraschend schnell ein Zusammengehörigkeitsgefühl, gleichbedeutend mit einer Ausweitung zu einer höheren Bewußtseinsstufe. Während wir uns im Freien Europa zu überstaatlichen Großorganisationen entwickeln (z. B. Europarat, NATO, EWG) und den vielfach noch nicht überwundenen Nationalismus als eine Art Reliktform einer vergangenen Periode betrachten, scheint bei den jungen Staatsgebilden Afrikas der Nationalismus zunächst einmal der Kitt zu sein, der die heterogenen Massen zusammenleimt. Wir sind diesen jungen Völkern wieder um eine Stufe voraus, die natürlich ihrerseits ein ganz anderes Weltbild mit einer anderen Stellung des Menschen und der Völker in der Gesamtheit umfaßt. Man muß deshalb von den weißen Völkern Verständnis für die afrikanische Situation erwarten, um so mehr, als dort nichts geschieht, für das wir nicht auch in Europa im Guten und im Bösen Beispiele hätten. Für das Zusammenleben der Völker ist es nicht gleichgültig, ob sich diese Bewußtseinsausweitung in einem kommunistischen oder in einem demokratischen Sinne vollzieht.

2. Die Funktionsketten des Menschen werden immer länger und unübersehbarer und der Lebensmechanismus immer komplizierter. Der Bauer übersieht noch die Leistungsketten von der Saat über die Ernte bis zum fertigen Brot. In der industriellen Stadtkultur sind die Funktionsketten so kompliziert geworden und miteinander verwoben, daß die Bedeutung des einzelnen vielfach nur noch von ganz wenigen beurteilt und erkannt werden kann.

3. Der Mensch ändert sich. Die neuen Erkenntnisse beeinflussen das Selbstbewußtsein und das Lebensgefühl. Dadurch tritt eine Zustandsänderung ein. Der Mensch wechselt aus einer neutralen oder meditativen in eine aktive Phase über. Da ihm jetzt größere Mittel

und Möglichkeiten zur Verfügung stehen, wird seine Aktivität sichtbar. Er gewinnt Einfluß auf die Gestaltung der Welt. Andererseits wird der Mensch in einer Welt, in der die Dinge nur materiellen Wert, also Geldcharakter, haben, selbst entwertet. Der Zynismus, mit dem materialistische Systeme Menschen einsetzen und nur ihren Arbeits- und Nutzwert berechnen, kann kaum noch überboten werden.

Wie diese drei Entwicklungen verlaufen werden, kann niemand voraussagen. Das Nichtvorausbestimmbare gehört zum Wesensmerkmal alles Lebendigen und gilt für den Menschen im höchsten Maße. Dennoch ist das Kräftespiel, das hier beginnt, keineswegs vom Zufall bestimmt.

Es muß gewarnt werden, die Entwicklungshilfe als ein technisch-wirtschaftliches Problem zu betrachten. Die weißen Völker übernehmen jetzt die verantwortungsvollste Aufgabe, die sie je vor sich hatten. Der Kommunismus hat sich mit eingeschaltet. Wenn wir nur an Erdöl, Kautschuk, Kongo-Kupfer oder an Absatzmärkte denken, sind wir der kommunistischen Propaganda bei der heute mangelnden Resistenz der Eingeborenen gegen materielle Bewertungen und gegen materialistische Ideen nicht gewachsen.

Die Aufgabe der Deutschen Stiftung für Entwicklungsländer

Von F. G. Seib,
Kurator der Deutschen Stiftung für Entwicklungsländer, Berlin

Die „Deutsche Stiftung für Entwicklungsländer" ist eine Gründung von Bundestagsabgeordneten aller Fraktionen und der zuständigen Ministerien, die, vor einem Jahr ins Leben gerufen, jetzt ihre Tätigkeit in Berlin-Tegel aufnimmt. Die Aufgaben dieser „Deutschen Stiftung für Entwicklungsländer" sind an einer eigentümlichen Nahtstelle der gesamten Entwicklungsförderung angesetzt, um die Kräfte der p e r s o n a l e n F ü h r u n g, die in dieser sich schnell wandelnden Welt eine besondere Bedeutung haben, zu entfalten. Das wird nicht einfach sein, und es ist offensichtlich, daß man Führungskräfte nicht schulen, nicht ausbilden kann, sondern man muß sorgfältig überlegen, was man tun kann, um den Entwicklungsländern allmählich die Menschen zu formen, die in dieser ungeheuren sozialen und wirtschaftlichen Wandlung die Führung übernehmen können.

Daraus ergeben sich für die Deutsche Stiftung drei konkrete Aufgaben, die sie sich auch in ihrer Satzung gestellt hat. Einmal sollen Seminare und Tagungen für geeignete Personen aus den Entwicklungsländern abgehalten werden, um mit ihnen über bestimmte Probleme zu diskutieren. Die zweite Aufgabe ist die Vorbereitung deutscher Personen, die berufsmäßig zur Verwirklichung von Ausbildungsprojekten in diese Länder entsandt werden. Und die dritte Aufgabe ist das Abhalten von Tagungen über die Probleme der Entwicklungsförderung und Begegnungen mit führenden Persönlichkeiten.

Zu diesen drei Punkten scheinen einige kurze Bemerkungen notwendig. Die Seminare mit Persönlichkeiten aus den Entwicklungsländern werden in Berlin abgehalten in dem Hause, das der „Deutschen Stiftung für Entwicklungsländer" zu diesem Zwecke zur Verfügung gestellt worden ist, in der Villa Borsig. Wir werden dazu Personen aus den verschiedensten Ländern nach Berlin einladen. Dafür ist zunächst für dieses Jahr ein Plan entwickelt worden, der mehr oder weniger den Charakter eines Interimprogramms trägt, insbesondere, weil wir uns klar darüber sind, daß die ersten Aktionen, die wir unternehmen, einen Versuch darstellen müssen. Wir werden in diesem Jahre drei Seminare durchführen, eines über das landwirtschaftliche Genossenschaftswesen, ein zweites über Berufsausbildungsfragen und Berufsschulung und ein drittes über das öffentliche Gesundheitswesen. Das mag zunächst als ein simples Programm erscheinen, aber wir wollen erst herausfinden, nach welchen Schwerpunkten hin sich die Arbeit der Stiftung besonders entfalten soll.

Selbstverständlich ist die „Deutsche Stiftung für Entwicklungsländer" nicht ein Unternehmen, das im luftleeren Raum existieren will, sondern, wenn sie bestrebt ist, Gäste einzuladen, um ihnen die deutschen Verhältnisse, die Verhältnisse eines hochindustrialisierten Landes zu schildern, dann muß sie sich der bestehenden Einrichtungen bedienen, um alles das zeigen zu können, was auf einem bestimmten Sektor, auf dem sozialen, landwirtschaftlichen oder industriellen Bereich an Bedeutsamkeiten vorhanden ist. Deshalb appelliere ich auch an die Gesellschaft für Sozialen Fortschritt, darüber nachzudenken, in welcher Weise eine Zusammenarbeit zwischen ihr und der Deutschen Stiftung möglich ist. Wir würden zum Beispiel sehr gern auch einmal ein Seminar abhalten über soziale und sozialpolitische Fragen und über die sozialen Risiken, die sich aus der schnellen Industrialisierung dieser Länder ergeben. Ich könnte mir denken, daß gerade dabei eine besonders fruchtbare Zusammenarbeit mit der Gesellschaft für Sozialen Fortschritt denkbar wäre.

Die ersten Seminare werden mit Gästen aus den asiatischen Ländern abgehalten werden, die besonderes Interesse für das landwirtschaftliche Genossenschafts- oder Berufsschulwesen haben. Etwa 25 Personen sind eingeladen, verantwortliche Persönlichkeiten ihrer Länder; mit ihnen werden wir vier Wochen lang sprechen. Wir glauben zwar nicht, daß wir diesen Menschen sagen können, wie sie ihre eigenen Probleme sofort lösen könnten. Den richtigen Weg müssen diese Menschen eben selbst finden; wir aber glauben, daß wir ihnen zeigen können, wie wir auf bestimmten Gebieten die Probleme gelöst haben. Wir wollen mit ihnen auch darüber sprechen, unter welchen Bedingungen und in welchem Maße sie vielleicht aus unseren Erfahrungen Nutzen ziehen können.

Weiterhin ist es Ziel dieser Seminare, eine d a u e r n d e m e n s c h l i c h e V e r b i n d u n g zu schaffen. Es ist nicht die Absicht, große Vortragsfolgen abrollen zu lassen, sondern wir wollen mit unseren ausländischen Gästen einen dauernden Kontakt herstellen, der über die Zeit der Seminare hinausreicht. Ich brauche nicht zu sagen, welche kulturpolitische Bedeutung es haben mag, wenn es uns in nächster Zeit gelingen sollte, einige Tausend in verantwortliche Positionen aufrückende Menschen der Entwicklungsländer durch eine solche deutsche Institution hindurchgeführt zu haben.

Die weitere Aufgabe ist — wie ich bereits erwähnte — die soziologische und psychologische Vorbereitung der Deutschen, die in die Entwicklungsländer gehen. Dabei sind wir uns doch alle darüber im klaren, daß es bei der Durchführung wirtschaftlicher Maßnahmen nicht allein auf deren Rationalität ankommt, sondern daß damit psychologische Faktoren verknüpft sind, die, wenn sie verletzt oder mißachtet werden, den Gesamterfolg jeder wirtschaftlichen Maßnahme in Frage stellen können. Wie es möglich sein wird, Menschen „auszubilden", die auch diesen gesellschaftspolitischen Anforderungen entsprechen, ist eine Frage, die noch nicht restlos gelöst ist. Jedenfalls ist es das Ziel der „Deutschen Stiftung für Entwicklungsländer", daß in der Zukunft, wahrscheinlich sogar erst in ferner Zukunft, niemand mehr als Experte, als Fachberater oder als Instrukteur mit einem bilateralen oder multilateralen Auftrag in die Entwicklungsländer gehen wird, der nicht eine gewisse psychologische Vorbereitung in der Deutschen Stiftung oder durch sie für das Milieu erfahren hat, das er vorfinden wird.

Als drittes Aufgabengebiet erwähnte ich bereits das Abhalten von Tagungen und Zusammenkünften mit führenden Persönlichkeiten. In unserer sich schnell wandelnden Welt ist das Problem der interkulturellen Kommunikation von besonders großer Wichtigkeit. Wir verstehen einander nicht und die Gefahr des Mißverstandenwerdens ist allgemein. Es ist deshalb eine dringende Aufgabe der gesamten Entwicklungsförderung, daß wir miteinander Fühlung halten gerade in den Bereichen, die das Handeln und Denken der Menschen bestimmen, und daß die verantwortlichen Regierungen und Persönlichkeiten begreifen lernen, welche Motive für ein jeweiliges Handeln ausschlaggebend sind.

Der Stiftung sind inzwischen auf Initiative des Herrn Bundespräsidenten weitere Aufgaben übertragen worden, die auch in der Ansprache des Herrn Bundeswirtschaftsministers Prof. Dr. Erhard anklangen, als er die Frage stellte: Was können wir tun? Prof. Erhard nannte dabei die Schaffung einer Informationsstelle, die darüber Bescheid sagen kann, was überhaupt notwendig, was wünschenswert und was wirtschaftlich vernünftig ist, um den Entwicklungsländern tatkräftig und nachhaltig helfen zu können. Man muß aber auch darüber informiert sein, was in Deutschland schon geschieht und was private oder staatliche Institutionen planen. Eine solche Sammelstelle von Informationen zu sein, ist der „Deutschen Stiftung für Entwicklungsländer" ebenfalls angetragen worden. In welchem Umfang und Intensität eine solche Arbeit der Information und Koordination möglich sein wird, wird die Zukunft lehren müssen. Jedenfalls ist das

Kuratorium der Deutschen Stiftung bereit, dem diesbezüglichen Appell des Herrn Bundespräsidenten vollauf zu folgen.

Abschließend möchte ich nochmals die eigentümliche Aufgabe der „Deutschen Stiftung für Entwicklungsländer" betonen: Ein Zentrum und Sammelpunkt zu sein für den Erfahrungsaustausch und den professionellen und menschlichen Kontakt mit den Entwicklungsländern.

Schlußwort

D. Klaus von Bismarck:

Aus den verschiedenen Darlegungen ist deutlich geworden, daß das Problem, das der westlichen Welt aus der Not der Entwicklungsländer erwächst, in der Bundesrepublik anfangsweise erkannt worden ist und bereits verschiedene Initiativen ausgelöst hat.

Die Spitzenorganisationen der Wirtschaft haben eine Arbeitsgemeinschaft für Fragen der Zusammenarbeit mit den Entwicklungsländern gebildet.

Willy R i c h t e r hat als Vorsitzender des Deutschen Gewerkschaftsbundes zu einer Aktion

„Wir helfen Asien, Afrika und Südamerika"

alle Arbeiter, Angestellten und Beamten aufgerufen, sich an dieser Hilfsaktion zu beteiligen.

Die Kirchen haben sich in ihren Reihen der Aufgabe zugewandt, beruflich und persönlich qualitative Fachkräfte bereit zu machen, sich einige Jahre für eine Tätigkeit im Rahmen der Entwicklungshilfe zur Verfügung zu stellen und auf solche Aufgaben vorzubereiten.

Christen stehen im übrigen heute fast überall in der Welt in vorderster Front in dem geistigen Kampf gegen überhebliche Rassenvorurteile, die sich nur allzuoft mit einem angeborenen europäischen Superioritätsgefühl verbunden haben. Darüber hinaus haben die katholische und die evangelische Kirche ihre Gläubigen zu einer Spendenaktion für die Linderung der Not in den Entwicklungsländern aufgerufen.

Die einzelnen Bundesministerien befassen sich je nach dem Bereich ihrer Zuständigkeit ebenfalls mit diesen Problemen.

Die „Deutsche Stiftung für Entwicklungsländer" wurde in Berlin ins Leben gerufen. Ihr soll sich eine Akademie anschließen.

Sicher gibt es noch weitere Institutionen, die diesen Problemen ihre besondere Aufmerksamkeit widmen.

Trotzdem müssen wir fragen: Ist es genug, was bei uns geschieht? Wer persönlich erlebt hat, mit welchem Lerneifer und Vertrauen die ausländischen Arbeiter und die ausländischen Studenten in die Bundesrepublik kommen, und wie dankbar sie für das sind, was sie hier fachlich lernen und erarbeiten können, muß tief betroffen sein von der Feststellung, wie viele unter ihnen enttäuscht sind von dem Handeln der Menschen, mit denen sie innerhalb und außerhalb ihres Arbeitsbereiches in Berührung kommen. Manche dieser aufgeschlossenen jungen Leute, die aus den afrikanischen und asiatischen Ländern zu uns kommen, sprechen es offen aus, daß auch Deutschland, wie seine europäischen Nachbarn offenbar kein christliches Land mehr sei, und daß sie unter uns wenig Brüderlichkeit, Solidarität und beispielgebende Kooperation gefunden hätten.

Es ist also nicht genug, finanzielle Opfer zu bringen und Aktionsprogramme zu verwirklichen. Wir müssen unsere Hilfsbereitschaft auch durch eine vertrauenerweckende Haltung glaubwürdig machen. Dies kann im Ansatz sehr wohl durch eine b e i s p i e l g e b e n d e K o o p e r a t i o n geschehen, und zwar zunächst unter den Sozialpartnern in der Bundesrepublik. Die Gesellschaft für Sozialen Fortschritt ist immer bemüht gewesen, die natürlichen Interessengegensätze der Sozialpartner nüchtern zu sehen. Dennoch gibt es von der Aufgabenstellung her nicht nur eine gemeinsame Verantwortung der Sozialpartner für die deutsche Wirtschaft und Gesellschaft, sondern heute eine besondere Solidarität für die Sache der Entwicklungsländer. Es freut mich, daß mehrere Sprecher dies heute klar herausgehoben haben. Eine solche Kooperation kann uns helfen, die Motive unseres Interesses für die Entwicklungsländer, die uns gemeinsam angelegen sein sollten, zu klären und zu bereinigen.

Ein weiteres aber müssen wir beachten:

Es geht um e u r o p ä i s c h e K o o p e r a t i o n, die nicht nur Vertrauen voraussetzt, sondern wachsen läßt.

Herr Prof. de Vries hat eine Reihe von konkreten Vorschlägen gemacht, die von den zuständigen Gremien in bezug auf ihre Verwirklichungsmöglichkeiten geprüft zu werden verdienen. Seine Ausführungen haben besonders klar gemacht, daß ein geschichtlicher Ruf an Europa in seiner Gesamtheit ergangen ist. Es wird von dem kooperativen Verantwortungsbewußtsein gegenüber den in Not befindlichen Brüdern in Asien und Afrika abhängen, ob wir Europäer unserer Aufgabe gewachsen sind. Der Ruf Asiens und Afrikas ist eine Selbstprüfung für uns.

Es geht ebenfalls um die K o o p e r a t i o n m i t d e n E n t w i c k l u n g s l ä n d e r n selbst. Was kann hier unter dem Aspekt menschlicher und geschichtlicher Verantwortung Maßstab sein?

    Hilfe zur Selbständigkeit und Verständnis für die Tatsache,
      daß sie hie und dort erkämpft werden muß,
    Hilfe zur Schulung eigener Kräfte,

beispielgebende Beteiligung dieser Völker an wirtschaftlichen und technischen Aktionen, die an europäische Staaten oder Firmen delegiert wurden.

Wir benötigen also eine Partnerschaft, die bei aller Ungleichartigkeit den anderen Partner nicht nur geographisch aufsucht, sondern zu begreifen trachtet „was des anderen ist".

Konkret wird die Befolgung solcher Prinzipien sogleich bei der Auswahl der Personen, die als Vertreter unserer europäischen Länder hinausgehen. Es geht eben nicht nur um ihre technischen, diplomatischen, organisatorischen oder kaufmännischen Qualitäten, sondern um die Frage, ob sie durch ihre Kooperation mit den Repräsentanten der afrikanischen und asiatischen Völker ein tragfähiges menschliches Vertrauen zu bauen in der Lage sind.

Deshalb geht meine Bitte an alle Anwesenden, sich in dem eigenen anvertrauten Bereich dafür einzusetzen, daß es mit dem hier Gesagten nicht bei Proklamationen bleibt.

Printed by Libri Plureos GmbH
in Hamburg, Germany